KB175442

히틀러에 붙이는 주석

히틀러에 붙이는 주석

—

제바스티안 하프너 지음 | 안인희 옮김

2014년 5월 8일 초판 1쇄 발행
2024년 6월 17일 초판 4쇄 발행

펴낸이 한철희 | 펴낸곳 돌베개 | 등록 1979년 8월 25일 제406-2003-000018호
주소 (10881) 경기도 파주시 회동길 77-20 (문발동)
전화 (031) 955-5020 | 팩스 (031) 955-5050
홈페이지 www.dolbegae.co.kr | 전자우편 book@dolbegae.co.kr
블로그 blog.naver.com/imdol79 | 트위터 @Dolbegae79 | 페이스북 /dolbegae

책임편집 권영민
표지디자인 민진기 | 본문디자인 이은정·이연경·강영훈
마케팅 심찬식·고운성·조원형 | 제작·관리 윤국중·이수민
인쇄·제본 상지사P&B

ISBN 978-89-7199-602-7 (03920)
이 도서의 국립중앙도서관 출판시도서목록(CIP)은 e-CIP 홈페이지
(http://www.nl.go.kr/ecip)에서 이용하실 수 있습니다.(CIP제어번호: CIP2014012673)

책값은 뒤표지에 있습니다.

히틀러에 붙이는 주석

Anmerkungen zu Hitler

제바스티안 하프너 지음
안인희 옮김

돌베개

차 례

—

—

이것은 작지만 무게가 나가는 책이다. 복잡한 역사적 배경을 지닌 히틀러 현상을 이토록 짧게 다듬어 내놓는 것은 결코 쉬운 일이 아니다. 게다가 이 책은 히틀러 현상의 일부가 아니라 그 전체를 다룬다. 한마디로 말해 매우 쓸모 있고 뛰어난 책이다. 그에 대해서는 유명한 언론인 귀도 크노프Guido Knopp가 서문에서 충분히 설명하고 있다. 그의 말로 이미 충분하지만 옮긴이는 한국 독자들을 위해 몇 마디를 덧붙이고자 한다.

이 책의 제목은 『히틀러에 붙이는 주석』Anmerkungen zu Hitler이다. 히틀러를 다룬 주요한 저술들이 이미 나왔고 따라서 정확한 정보를 입수할 다른 경로들이 독자들에게 열려 있는데, 자신은 그런 책들에 주석 몇 가지를 덧붙인다는 의미다. 예켈Eberhard Jäckel의 『히틀러의 세계관』Hitlers Weltanschauung(1969)과 요아힘 페스트Joachim Fest의

『히틀러 평전』Hitler(1973)이 그 대표적인 책들이다. 『히틀러 평전』은 우리말로도 소개되어 있다. 하프너는 우리 책에서 이 두 책들을 잠깐씩 언급한다.

『히틀러 평전』을 직접 읽거나 본 적이 있는 독자는 먼저 그 크기에 질겁했을 것이다. 워낙 방대해서 다 읽고 나도 내용 요약이 잘되지 않는다. 그래서 엄청난 독서를 했음에도 히틀러의 역사적인 의미를 간결하게 파악하기가 쉽지 않음을 느낀다. 독서의 노력에 비해 그 결과가 그리 신통치 못하다는 느낌을 받는 것이다.

그에 비해 하프너의 이 책은 히틀러 현상의 전체 의미를 놀랍도록 정교하고도 간결하게 요약하고 있다. 누구나 좋아하는 종류의 책이다. 하지만 이 짧은 책을 잡고 읽기 시작하면 그 내용이 아주 쉽지 않음을 깨닫게 된다. 『히틀러 평전』에 나오는 수많은 역사적 사실들이 상세히 설명되지 않고 슬쩍 언급만 되기 때문이다. 배경이 되는 역사적 사실들을 독자가 꽤 많이 미리 알고 있어야 한다는 뜻이다. 그래서 번거롭게 보일 위험을 무릅쓰고 옮긴이는 한국 독자들을 위해 꼭 필요한 내용 일부를 각주와 본문에 덧붙였다.

또 한 가지 염두에 두어야 할 중요한 사실이 있다. 이 책은 1978년에 나왔다. 1978년이라면 독일이 아직 두 개의 독일로 나뉘어 있고, 세계가 미국과 소련을 중심으로 한창 냉전을 펼치던 시절이다. 1990년에 두 개의 독일은 통일되어 하나가 되고, 소련도 붕괴되면서 수많은 동유럽 국가들의 위상이 바뀌었다.

따라서 젊은 독자들은 이 책의 몇 가지 용어들이 헷갈릴 수도 있다. 러시아와 소련이라는 용어가 가장 대표적이다. 히틀러가 적으로 삼았던 나라는 소련이 아니라 러시아였다. '소련'이 임시로 나타났다가 다시 사라져 버린 역사 속의 개념임을 염두에 둔다면 이 두 용어를 어렵지 않게 구분할 수 있을 것이다. 히틀러가 사라진 다음 등장하는 미·소 냉전 시대에 비로소 소련이 미국과 더불어 세계 역사에서 주역이 된다. 이 또한 히틀러가 남긴 중대한 영향의 하나였다.

히틀러는 세계사에서 중요한 인물이다. 그냥 유대인을 학살한 독일 악당 정도로 치부하고 넘기면 곤란하다. 다만 그가 너무나 부정적인 의미를 지니기 때문에 세계사적인 인물이라고 말하기가 거북할 뿐이다. 하지만 아무리 부정적인 인물이었다 해도, 그가 남긴 흔적들이 오늘 우리가 사는 세계의 바탕이 되고 있음을 부인할 수가 없다. 그가 위대한 인물이라서가 아니라 그 역사적 중요성 때문에 우리는 '히틀러 현상'을 정확하게 짚고 넘어가야 한다.

우리나라의 역사와 관련해서 가장 중요한 부분은 '제국주의 종결'이 될 것이다. 일본이 미국에 져서 우리나라가 해방되었다고 생각하기 쉽고 그것이 틀린 생각은 아니지만, 그러면 역사의 한 부분만을 따로 떼어서 바라보는 것이다. 세계사 전체를 바라보면 유럽의 제국주의 국가들이 무너지면서 아시아와 아프리카의 식민지들이 해방되는 세계사적 흐름 속의 작은 일부에 해당하는 사건이다. 1945년은 세계의 수많은 국가들이 해방된 연도이다. 그리고 그 중심부에 독일의 패전과 히틀러의 죽음이 있다.

히틀러가 2차 세계대전을 일으켰고, 이 전쟁을 통해 유럽의 국가들이 세계의 패권을 놓치면서 미국과 소련으로 주도권이 넘어갔다. 1991년 소련이 붕괴된 뒤로 미국 단독으로 세계의 패권을 쥐고 있지만 지금 그마저 위기에 몰린 듯이 보인다.

이런 전체 흐름을 이해하려면 히틀러 현상과 나아가 독일의 역사를 어느 정도 이해하지 않으면 안 된다. 이 작은 책으로 그 모든 것을 상세히 알아낼 수는 없다. 하지만 정확한 지식으로 나아가는 출발점으로 삼을 수는 있다. 저자는 시간의 순서에 따라 정치인 히틀러의 성과와 성공을 먼저 다룬다. 그 성과와 성공들이 결코 가벼운 것이 아니었음을 알 수 있다. 이어서 히틀러의 거대한 잘못들을 상세히 짚어내고 있다.

복잡한 히틀러 현상을 두고 미국인의 관점만을 따르면 많은 오해가 생길 수 있다. 잘 알려져 있다시피 미국에서 유대인은 무시할 수 없는 영향력을 행사하는데, 유대인은 히틀러에게 가장 큰 피해를 입은 민족이다. 그들은 아직도 은연중 히틀러와 독일을 역사상 가장 고약한 악당으로 취급하기 일쑤다. 이해가 되는 일이다.

하지만 하프너의 예리한 관찰을 따라가 보라. 이스라엘이라는 나라의 성립은 다름 아닌 히틀러 현상이 불러온 최고의 선물이라는 것이 아닌가? 전쟁에서 가장 많은 사상자를 냈던 피해국 소련이 히틀러 현상의 두 번째 수혜자라고 한다. 오히려 독일이 최대 피해국이라는 것이 아닌가? 그야말로 역사의 아이러니다. 곰곰이 생각하며 읽어보면 그의 말이 지닌 설득력에 소름이 돋을 지경이다. 미국의 관점, 또는 미국 유대인의 관점을 경계하지 않으면 이 부분의 역사를 얼마나 잘못 바라볼 수 있는가를 보여주는 대목이다.

이 책의 모든 관점에 꼭 동의하는 것은 아니라도, 나는 이 책을 읽으며 여러 번이나 "아하-!" 하고 경탄하는 경험을 했다. 새로운 인식을 얻었다는 말이다. 그 경험을 독자 여러분과 함께 나누기를 바라는 마음 간절하다.

2014년 5월
안인희

하프너에 붙이는 주석

좀처럼 낡지 않는 책들이 있다. 『히틀러에 붙이는 주석』이 그렇다. 먼지 하나 앉지 않는다. 20년이 지난 지금도 여전히 젊고 싱싱하다.

그것은 무엇보다 저자 덕분이다. 제바스티안 하프너가 자신의 저작들 가운데 가장 중요한 이 책을 쓴 것은 일흔 살 때 일이다. 노년의 작품이라고? 천만에. 그 뒤로도 20년 넘게 우리는 독일의 현대사에 대해 발언하는 그에게서 나이와 무관하게, 과격한 젊은이보다 더 용감하고 더 젊은 생각을 지닌 한 남자의 놀라운 신선함을 목격했다.

어떻게 그는 그토록 믿음직한가? 하프너는 단 한 번도 강자들에게 자신을 굽힌 적이 없다. 하프너는 자신의 경력에 〔흠이 갈지 따위는〕 개의치 않고 종종 남들과 의견을 달리했다. 지적인 평화교란자라고? 그렇다. 하지만 그보다는 역사학과 여론 사이의 천재적인 중개자이자 중간자이다.

다른 어느 곳보다 독일에서 그런 중간자 역할은 아주 중요하다. 이곳에서의 현대사만큼 논란의 여지가 많은 게 있겠는가? 미국의 사회학자인 골드하겐Daniel J. Goldhagen의 저서 『히틀러의 자발적 처형자들』Hitler's Willing Executioners(1996)이 독일에 불러일으킨 열띤 논쟁을 보라. 나치 시대 군대[국방군]가 소련군에 대해 저지른 범죄를 두고 독일에서 벌어진(1995~) 논쟁을 생각해보라.

여기에 아웃사이더인 하프너가 등장한다. 사학자나 법학자도 아니고, 아니 학자이긴커녕 글쎄 칼럼니스트인 사람이 불쑥 끼어든다. 하지만 그는 도이치* 언어권에서 그 누구와도 다르게 글을 쓴다. 힘차고, 긴장감이 있고, 우아하고, 독창적인 글이다. 제바스티안 하프너는 가장 좋은 의미에서 국민작가이다. 전후시대에 책과 칼럼과 에세이 등을 통해 도이치 언어권 독자들에게 역사지식과 역사의식 면에서 다른 누구보다도 더 많은 것을 가르쳐주었기 때문이다. 어떤 이들은 그 때문에 분개한다. 성공은 질투를 낳는 법이니.

망명자였던 하프너의 탁월한 문체를 확실하게 결정한 것은 분명 영국 망명 시기였다. 브리튼 섬에서는 영어권이 대체로 그렇듯이, 진지한 것으로 보이기 위해 역사를 난해하게 쓸 필요는 없다. 또한 하프너처럼 엄청난 자료더미에서 핵심을 끄집어내고, 그것으로 독자의 상

———

* '도이치'deutsch는 여기서 언어와 민족을 가리키는 표현으로, 국가를 나타내는 '독일' Deutschland보다 범위가 더 넓다. 원래는 나라 이름도 '도이칠란트'라고 하는 것이 맞겠지만, '독일' 이라는 말이 널리 쓰이므로, 이런 구분을 그대로 두기로 한다.

상력에 불을 붙이는 일을 그렇게 탁월하게 할 수 있는 사람도 없다.

하프너는 『히틀러에 붙이는 주석』이 자기가 좋아하는 책이 되었다고 말한다. 내게도 그렇다. 나는 1978년 이 책이 나오자마자 하룻밤만에 다 읽었다. 책을 읽기 시작하면 곧바로 사로잡히고, 그 주제와 언어의 마력에 빨려 들어가게 된다. 여기 히틀러가 소파에 누워 있다. 그의 삶, 성과, 성공, 잘못된 생각들, 잘못된 행동들, 범죄, 배신 등이 그대로 드러난다. 모든 것이 잘 정리되고 빛나는 설명이 붙어 있다.

이 책은 열광적인 호평과, 또 그만큼의 격렬한 반박을 샀다. 하프너는 언제나 그랬다. 첨예한 주장들이 맞붙은 채 익히 알려져 있는 내용을 완전히 새로운 조명 아래 가져와 다시 생각하게끔 만든다.

20세기의 주제인 히틀러에 대해서, 나에게도 이 책이 결정적인 의미를 갖는다. 이것은 내가 1978년 학술회의 「오늘날의 히틀러」를 주관하도록 자극하였다. 내 고향 도시 아샤펜부르크에 유능한 히틀러 연구자와 저자들을 초청한 학술회의였는데, 거기서 국제적인 논쟁이 벌어졌다. 텔레비전에 방영된 마지막 순서에서 하프너는 단연 돋보였다.

그래서 나는 그의 『히틀러에 붙이는 주석』이 곧바로 베스트셀러가 된 것에 어느 정도 자부심을 느낀다. 그 학술회의 마지막 공개토론에서 하프너는 히틀러 유행이란 생각할 수 없는 일이라고 말했다. "내 책도 내가 바라는 만큼 잘 나가지는 않을 겁니다." 하지만 2주 뒤에 이 책은 베스트셀러 1위에 올랐다.

하프너의 『히틀러에 붙이는 주석』이 없었다면 나는 15년이 지나서도 히틀러 책을 쓰지 못했을 것이다. 그 사이 연구의 흐름은 하프너가 제시한 여러 해석에 좀 더 가까워졌다. 그가 농담처럼 내놓은 많은 주장이 연구 전선에서 힘든 노동을 통해 확인되었다. 히틀러 관련 책을 딱 세 권만 꼽아야 한다면, 나는 바로 하프너의 이 책과 요아힘 페스트의 『히틀러 평전』(1973), 그리고 예켈의 『히틀러의 세계관』(1969)을 들겠다.

이 책은 어떤 점에서 뛰어난가? 이것은 폭넓고 박식한 책이 아니며, 아직도 독일에서 학술적으로 의미있는 글이라는 말과 동의어로 쓰이는, 학술 중국어[보통 사람이 읽고 무슨 말인지 모르는 논문 문체를 비꼬는 말]로 되어 있지도 않다. 아주 단단하고 본질에 충실한 책으로, 히틀러에 대한 저 방대한 지식의 정글 사이로 길을 열어준다.

독자를 존중하고, 그들의 관심사와 무엇보다 그 지식 수준을 고려한다. 『히틀러에 붙이는 주석』은 정통한 학자들에게는 자극이 되고, 히틀러에 관심이 있는 일반 독자들에게는 출간 20년이 지나서도 이보다 더 나은 히틀러 책이 없다고 말할 수 있는 책이다. 간단히 말해서 골로 만Golo Mann[저명한 역사가. 토마스 만의 아들]과 리스헨 밀러[보통 사람] 모두를 위한 책이다. 물론 골로 만은 하프너의 책에 대해 리뷰를 쓰고 그에게 존경심을 표했다. 수십만 명의 밀러들은 하프너의 책이 없었다면 세기의 악당 히틀러에게 접근할 길이 거의 막힌 상태에 있었을 것이다.

이 책의 장점은 무엇보다도 또 하나의 전기물이 아니라는 점이다. 활자도 큼직하고 각주도 거의 없이 히틀러에 대해 200쪽 분량으로 써놓았기에 독자의 눈길은 자연스레 핵심에 가닿는다. 또 순식간에 전체를 다 읽게 된다. 유명한 1천 쪽짜리 책들은 으레 시간이 없어서, 또는 지겨워서 멋대로 건너뛰게 되는데 말이다. 이 책을 읽는 일은 저자와 의견이 전혀 같지 않은 사람에게도 즐거움이 될 거라고 생각한다.

이 책은 긴 호흡에 지적인 열정을 지녔다. 받아들이지 않을 수 없게 입증해내는 냉정한 불길을 지녔다. 그리고 무엇보다도 전혀 비겁하지 않다. 맨 처음에 저자 하프너는 히틀러를 너그럽게 맞아들인다. 물론 히틀러가 '경제기적'을 이루어냈다는 것이다. 또한 독일 국민을 자기편으로 만들었으며, 히틀러와 독일 국민 사이에는 오랫동안 공통의 목적이 있었다고 한다. 라인란트 진군, 오스트리아 합병, 주데텐란트 점령 등은 동시대 사람들 대부분이 열광적으로 찬성한 일이었다. 그런[교전이 거의 없는] '꽃 전쟁'은 인기가 있었다. 전쟁을 치르지 않고도 국경선 바깥의 도이치 사람들을 '집으로 불러들인' 일이었다. 저 '베르사유[1차 세계대전이 끝난 다음의 평화회담]의 부당함'을 뿌리째 뽑는 일, 그런 일에 반대할 수 있는가? 하지만 거기엔 엄청난 오해가 있었다. 히틀러는 그 이상을 생각하고 있었던 것이다. 바로 동유럽의 정복과 유대인을 뿌리째 뽑는 일이었다. 히틀러는 큰 우회로를 그리며 그 목적을 향해 나아갔다. 러시아전쟁과 유대인 학살은 떼려야 뗄 수 없이 서로 결부되어 있다. 1941년 12월 모스크바를 코앞에 두고 겪은 패배 이후로, 히틀러는 이 전쟁이 실패로 돌아가리라는 것을 예감했다. 그러자 그는 첫째 목표를 성취할 수 없다면 둘째 목표라도 이루고자 했다. 곧 유대인을 없애는 일이었다.

그것은 강압적이고 끔찍했다. 히틀러가 수백만의 유대인을 학살할 시간을 벌기 위해 3년 반 동안 수백만의 독일 병사와 시민들이 죽어야 했다. 끔찍한 학살이 이루어지고, 인명 손실이 큰 전투들이 벌어졌다. 기사십자가 훈장들이 수여되고 '자랑스러운 추모' 장례식들이 거행되었다. 모두 가스실과 소각로에 꼭 필요한 시간을 벌어주기 위해서?

히틀러의 병사들은 주관적으로는 여전히 '민족과 조국'을 위해 싸웠다. 하지만 실제로는 그들이 지키는 전선 뒤에서 홀로코스트가 이뤄지는 데 이용되었으니 그것은 군대의 비극이었다. 전쟁은 스스로 '허약함'을 입증한 자국민에 대한 살해 시도와 더불어 끝났다. 하프너의 결론은 이렇다. "마지막에 히틀러는, 가장 훌륭한 말馬이 더비 경주에서 우승하지 못했다고 분노하고 실망하여 말을 채찍질하여 죽이는 경주마 주인처럼 행동했다."

독일의 파괴는 히틀러가 내놓고 이루지 못한 최후의 사악한 목적이었다. 저자 하프너는 빤한 일인데도 거듭 논란을 불러일으키는 사실, 곧 역사에 자동적이고 필연적인 전개는 없다는 점에 대해서도 눈을 뜨게 해준다. 히틀러의 살인제국은 독일의 특수한 길이 필연적으로 도달할 수밖에 없는 결과가 아니라는 것이다. 로이텐에서 랑게마르크를 거쳐 아우슈비츠에 이르는, 운명으로 미리 정해진 죽음의 길이란 없으며, 마찬가지로 루터-비스마르크-히틀러에 이르는 논리적 발전의 선線도 없다는 것이다.

히틀러의 권력 장악은 실은 권력 횡령이었다. 대중을 자극하는 온갖 홍보와 소동 등도 히틀러를 권좌에 오르게 하지는 못했을 것이다. 나이 들고 지친 대통령 주변에서 갖은 간계를 다 펼치고, 병든 공화국을 보호해야 할 세력들이 실패함으로써 비로소 그는 권력을 얻었다. 바이마르 공화국이 꼭 실패했어야만 하는 것은 아니다. 그렇게 될 가능성이야 늘 있었지만, 꼭 그렇게 되어야 했던 것은 아니다. 물론 여기에는 반론의 여지가 있다. 나로서는 1938년에 정말로 독일 국민의 90퍼센트가 히틀러를 지지했는지가 의심스럽다. 홍보 사진에는 오로지 환호성을 지르는 사람들만 보이고 다른 사람들은 보이지 않는다. 히틀러가 권좌에 오르기 직전에(1932년 11월에 치러진 정말로 자유로운 마지막 의원선거) 독일 정당들의 스펙트럼에서 나치당은 유권자의 35퍼센트를 차지했다. 공산당은 약 15퍼센트, 사회민주당은 약 20퍼센트, 가톨릭중앙당은 약 12퍼센트를 얻었다. 작은 정당들의 득표율을 생략하면 그렇다는 얘기다. 그 지지자들이 모조리 히틀러 편으로 넘어갔다고 보기는 어려울 것 같다. 독재가 한창이던 1938년에 독일에는 아마도 '국민투표'에서는 히틀러를 지지해도 속으로는 사회민주당, 공산당, 또는 경건한 가톨릭정당을 지지하는 이들이 수백만 명은 되었을 것이다. 다만 그들은 투표함에 자기 의견을 담을 수 없었을 뿐이다.

하지만 그의 주장 일부를 입증할 수 없다 하여 이 책이 손상을 입는 것은 아니다. 1941년 12월 모스크바를 코앞에 두고 패배한 뒤 6일 만에 나온 미국에 대한 히틀러의 선전포고를 예로 들어보자. 하프너는 이 선전포고에 합리적인 동기가 없다고 말한다. 히틀러는 전쟁의 정점인 그 시점에 파괴하고 죽일 생각에만 사로잡혀 있었다는 것이다. 결국은 자기파괴에 이르기까지. 히틀러는 마침내 서방을 고려하지 않고, 바라던 대로 유럽에서 잡을 수 있는 유대인을 모조리 붙잡아 죽이기 위해 미국에 선전포고를 했다는 것이다. 히틀러의 민족, 곧 독일 국민이 서방과의 평화협상이라는 카드를 갖지 못하도록 말이다.

이것은 무척 대담하고도 입증할 수 없는 주장이다. 물론 그 반대 주장 역시 기록에 의거할 수 있어도, 입증할 수는 없다. 기록에 따르면 히틀러는 1941년 12월 7일에 터진 일본과 미국의 전쟁을 보고, 동맹을 맺은 일본에 자기가 약속을 지킨다는 것을 보여주고, 또한 일본의 전쟁 의지를 지지하여 태평양에서의 전쟁을 질질 끌면서 '특별평화협상'을 방해하기 위해 미국에 선전포고를 했다. 미국이 서둘러 일본과 평화조약을 체결한다면 독일 공격에 집중할 것이기 때문이다.

이쪽이 이성적인 설명이리라. 학자들은 보통 이성에 끌린다. 하지만 히틀러가 항상 합리적으로 생각하고, 나아가 행동까지 그렇게 했던가? 그렇지 않다.

　히틀러의 반유대주의는 사정이 다르다. 여기서 하프너는 히틀러가 자신의 생각을 '처음부터 타고난 혹처럼 언제나 지니고' 다녔다고 말한다. 그건 아니다. 히틀러가 자신의 반유대주의는 빈에서 이미 움직일 수 없이 확정되었다고 주장하곤 했어도, 그건 아니다('화강암처럼 단단한 나의 세계관의 토대'). 실제로는 1919년 9월까지는 반유대주의 발언이 단 한 마디도 히틀러의 입에서 나온 적이 없다. 희미하게 깜박이며 잠복하고 있던 히틀러의 반유대주의가 전염성이 강한 파괴적인 적대감으로 변한 것은 1918년 독일의 패배와 뮌헨의 인민평의회 공화국이라는, 그에게 악몽 같은 체험에서 비롯되었다. 하지만 이런 것은 이 책에 들어 있는 거대한 통찰에 비하면 단지 작은 반대 논점에 불과하다. 하프너는 이전의 누구보다 명료하게 홀로코스트에 이르는 히틀러의 길을 설명해낸다. 그것은 '동부에서의 생존공간Lebensraum' 정복이라는 첫 번째 목표가 모스크바 앞에서 좌절하자 온전히 두 번째 목표, 곧 유럽의 유대인 학살이라는 목적에 집중하면서 나타난 히틀러의 '세계관'의 실현 과정이었다는 것이다.

　1978년 당시, 그리고 오늘도 이런 통찰력 있는 중개가 꼭 필요하다. 70년대 중반 이후 독일에서 기이한 히틀러 붐이 일었는데, 그런 바람이 불지 않는 곳에서는 그릇된 애국적 동기에서 홀로코스트가 경시되었다. 상업주의적인 '히틀러 유행'의 거품과 함께 '총통'은 바이에

른의 어린이들을 토닥이고, 셰퍼드에게 먹이를 주는, 윗소금산〔오버잘 츠베르크〕의 마음 좋은 아저씨로 나타났다. 재능이 있지만 불운에 내몰린 역사의 엔터테이너―사보나롤라와 크롬웰과 엘시드를 합친 그런 사람으로 말이다.

그래서 어떤 결과가 나타났는가? 교육자들이 탄식하듯, 뮌헨의 중고생 야외활동 숙소에서는 청소년들 사이에 본격적인 '히틀러 르네상스'가 나타났다. 주로 열네 살에서 열여덟 살 사이인 견습생과 학생들이 청재킷에 갈고리 십자가 수를 새기고 유대인 비하 농담을 주고받았다. 설문조사를 해보니 아이들은 나치 이데올로기가 아니라 그저 '강한 총통' 이미지와 자신을 동일시하고 있었다. 이어서 히틀러에 대한 독일 초중고생의 지식을 알리는 교육학자 보스만의 책이 나왔다. 히틀러에 대한 질문을 받고 일부 학생들은 다음과 같은 답변들을 내놓았다. '스위스 우편배달부의 아들', '서부 독일의 왕', '공산주의자 새디스트'. 당시 어떤 여학생은 히틀러에 대해 더 알고 싶다고 썼다. 하지만 두꺼운 책들은 너무 비싸고 또 읽어도 무슨 소린지 알 수가 없다고 했다.

하프너의 책은 그런 여학생을 위해 쓰인 것이다. 또한 당시 파시즘 이론의 신봉자들을 위한 것이기도 하다. 그들은 아직도 '제3제국'을 그저 '자본주의를 정착시킨 정권' 정도로 여기면서, 그 유대인 정책을 거의 무시하고, 독재자 히틀러를 '독점 자본의 대리인' 역할로 축소하려 하였다. 이들의 주장에 따르면 인간도 아닌 A. H.〔아돌프 히틀러]의 전기傳記에 열중하는 사람은 사후死後 노스탤지어에만 봉사할 뿐이라는 것이다. 히틀러를 분석하는 것은 사이비 학문의 개인숭배가 되고 마는 것이니, 굳이 하고 싶다면 파시즘을 연구하는 편이 옳다는 주장이었다.

하프너는 이 양쪽 진영에 〔즉 히틀러에 무지한 청소년과 역시 균형감 각을 잃은 학자들에게〕 자제하라고 요구했다. 그는 당시 유행하던 '남자 들이 역사를 만드는 게 아니라, 사회경제적 구조가 역사를 만든다'는 방정식이 히틀러에게는 맞지 않는다는 것을 놀라운 방식으로 분명하 게 보여주었다. 먼저 역사가 남자를 만들고, 이어서 남자가 역사를 만 든다. 히틀러의 살인제국은 모든 사악한 감정의 중심인 히틀러 없이 는 생각할 수 없다. 그가 없이는 그 온갖 소동도 사라진다. 그는 역사 의 마지막 암살자였다.

열광의 대상이라고? 히틀러 노스탤지어는 무지無知라는 토양에만 거주한다. 히틀러에 대해서 거의 또는 전혀 모르는 사람만이 그에게 열광할 수 있다. 전염성이 강한 히틀러 열병에 최고의 치료제는 과거 나 현재나 히틀러에 대한 지식뿐이다.

히틀러와 독일 국민 사이의 역사는 히틀러의 종말과 더불어 그대 로 끝난 것이 아니다. 하프너의 육성을 들어보자. "오늘날의 세계는 우리 마음에 들든 안 들든 분명히 히틀러의 작품이다."

1978년의 세계는 히틀러가 꿈꾸던 그림과는 정반대의 모습이었지만 그렇다. 독재자는 유럽으로부터 세계를 지배하고자 했다. 하지만 둘로 나뉜 유럽은 40년 동안이나 두 초강대국의 보살핌을 받는 피보호자가 되었다. 히틀러는 공산주의를 파괴하려고 했다. 실제로는 그가 세계정복을 계획한 그 자리에서 공산주의자들이 한쪽 독일을 지배했다.

장벽이 무너질 때까지 둘로 나뉜 유럽 세계는 히틀러의 뒤늦은 복수였다. 그의 상속인 두 독일은 동서東西 두 진영을 이어주는 솔기가 되어 양쪽 우두머리의 볼모가 되어야 했다. 그 영토는 핵전쟁의 홀로코스트에서 전쟁터가 될 가능성이 있었고, 그런 전쟁이 일어나면 동서 독일인들은 나란히 대형 무덤 안에 눕게 될 판이었다. 그럴 가능성은 무사히 넘겼다. 이는 행운이자 은총인데, 독일은 새로 통일되고 자유롭게 되었다. 하지만 히틀러로부터 자유로워진 것은 아니다.

히틀러의 어두운 그림자는 아직도 여전히 눈에 보인다. 오스트리아 출신인 그는 예나 지금이나 세계에서 가장 유명한 독일인이다. 여전히 베켄바우어, 헬무트 콜, 보리스 베커보다 훨씬 유명하다. 우리 독일인들은 원하든 원치 않든 히틀러의 후예들이다.

하프너의 책은 우리에게 이것을 효과적으로 분명히 보여주었다. 히틀러를 통해 드러난 재앙의 징후란 끔찍한 전쟁이 아니라, 그의 내면에 감추어진 범죄였음을 아주 확실하게 보여주었다. 아우슈비츠와, 그리고 인간이 인간에게 무슨 짓을 할 수 있는가를 경험하게 해준 범죄 말이다. 자기와 같은 인간을 뿌리째 없애기, 계획에 따른 대량학살—기계적, 체계적, 근본적으로.

히틀러가 남긴 이 어두운 유산은 우리 독일인들을 계속 짓누른다. 우리가 그를 선출했다면, 어떻게 우리 스스로를 믿을 수 있단 말인가? 우리가 아우슈비츠를 허용했다면, 우리는 어떻게 우리 자신을 믿을 수 있단 말인가? 히틀러의 유산은 여전히, 우리가 거리낌없이 현재와 미래를 대할 수 없게 한다.

히틀러의 볼모로 남아 있고 싶지 않다면 우리는 독일의 트라우마인 히틀러를 늘 새롭게 검토해야 한다. 우리가 의식에서 밀어내면, 그것은 우리를 압박해 올 것이다. 우리가 다가가면 스스로 물러난다. 히틀러와 그의 탓으로 생긴 재앙을 알기 위해서는 예나 지금이나 이 책보다 더 나은 책이 없다.

2001년 귀도 크노프

생애

Anmerkungen
zu Hitler

아돌프 히틀러의 아버지는 오르막길을 걸어 출세한 사람이었다. 하녀 출신 어머니에게서 사생아로 태어나 상당한 지위의 공무원이 되어 존경과 명예를 얻고 죽었다.

아들은 내리막길로 시작하였다. 실업학교를 졸업하지 못하고 미술 아카데미 입학시험에도 떨어진 뒤 열여덟 살에서 스물다섯 살까지 처음에는 빈, 이어서 뮌헨에서 직업도 없고 딱히 바라는 것도 없이 젊은 연금생활자로서 보헤미안의 삶을 살았다. 고아 연금과, 이따금 그림을 팔아 번 돈으로 겨우 연명하였다. 1914년 1차 세계대전이 터지자 그는 바이에른 연대에 자원입대하였다. 이후 4년을 전선에서 보냈는데, 그 기간에 용감하게 싸워서 두 등급의 철십자 훈장을 받았다. 그러니까 훈장을 한 개도 아니고 두 개나 받은 것이다. 하지만 지휘능력이 부족한 탓에 상사 이상 진급하지는 못했다. 그가 독가스 부상으로 고향의 야전병원에 입원해 있을 때 전쟁이 끝났다. 전쟁이 끝난 다음 그는 1년 동안 '병영 거주자'로 지냈다. 직업에 대한 계획이나 전망은 여전히 없었다. 이제 서른 살이었다.

1919년 서른 살 가을에 그는 어떤 소규모 극우파 정당에 가입하여 곧 주도권을 쥐게 되었다. 그로써 정치 경력이 시작되었으며, 마지막에는 역사적 인물이 되었다.

히틀러는 1889년 4월 20일에 태어나 1945년 4월 30일에 죽었으니 정확히 56년을 살았다. 통상적인 평균수명보다 짧은 생애였다. 생애 전반 30년과 그 뒤 26년 사이에는 무어라 설명할 길이 없는 심연이 놓인 것처럼 보인다. 30년 동안 무엇 하나 변변치 않은 실패자였다. 그런 다음 갑작스럽게 지방의 유명 정치가가 되는가 싶더니 마지막에는 전 세계의 정치를 뒤흔드는 인물이 되었다. 두 경력이 서로 어울리는가?

이런 생애의 간극은 그동안 수많은 관찰 결과를 끌어냈지만, 그것은 진짜 모습이라기보다는 그냥 그렇게 보였을 뿐이다. 히틀러의 정치 경력이 처음 10년 동안 엉성하였기 때문만은 아니다. 또 히틀러가 스케일은 컸지만 결국 정치가로도 실패했기 때문만도 아니다. 그보다는 오히려 두 번째, 공적인 삶의 기간에도 히틀러의 개인적인 삶은 여전히 내용이 극히 빈약하고 위축된 모습이기 때문이다. 그에 반해 외적으로는 별 볼일 없어 보이는 초반 몇십 년 동안 이미 그의 정치적인 내면생활은 뒷날의 모든 것을 준비하는 비상한 요소들을 다수 드러내기 때문이다.

물론 히틀러의 생애를 가르는 단면은 횡단면이 아니라 길게 가르는 종단면이다. 1919년까지는 허약함과 실패, 그리고 1920년 이후로는 힘과 업적이라는 식으로 갈라서는 안 된다는 얘기이다. 그보다는 이전과 이후를 막론하고 정치적 삶과 체험에서의 비상한 집중도와, 개인적 삶에서의 정도 이상의 빈약함으로 나누어야 한다. 전쟁 전에 불확실한 보헤미안 생활을 할 때도 그는 마치 가장 중요한 정치가인 양 정치적 시대사건Zeitgeschehen 속에서 살고 움직였다. 그리고 뒷날 총통으로 있을 때도 사생활 면에서는 출세한 보헤미안에 지나지 않았다. 이런 삶의 결정적 특징은 단조로움과 1차원성이다.

　　수많은 전기들이 주인공의 이름 아래 '그의 생애와 시대'라는 부제를 달고 있다. 여기서 '─와'라는 연결접속사는 결합보다는 오히려 구분하는 역할을 한다. 보통 생애를 다룬 장과 시대사를 다룬 장이 번갈아 나타난다. 평이하게 서술된 시대사를 배경으로 위대한 개인이 입체적인 모습을 드러내는 것이다. 여기서 개인은 시대사건에 끼워지기보다는 오히려 두드러진다. 하지만 히틀러의 생애는 그런 식으로 쓸 수 없다. 그의 생애에서 중요한 것은 모조리 시대사와 하나로 녹아 있고, 시대사 자체이다. 젊은 히틀러는 시대사를 반영한다. 중년의 히틀러는 여전히 시대사를 반영하지만, 시대사에 이미 상당한 영향을 미친다. 말년의 히틀러는 시대사를 결정한다. 그는 처음에 역사에 의해 만들어졌다. 그런 다음에는 그가 역사를 만들었다. 그에 대해서는 좀 더 이야기를 해볼 만하다. 히틀러의 생애는 그것 말고는 개인적 측면에서 본질적으로 별 내용이 없었다. 1919년 이전이나 이후나 마찬가지다. 짧게 한번 관찰해보자.

그의 삶에서는―'이전'이나 '이후'나 똑같이―보통 한 인간의 삶에서 중요하고, 따스함과 품위를 주는 것이 전혀 나타나지 않는다. 교육, 직업, 사랑, 우정, 결혼, 아버지 노릇 등이 없다. 정치와 정치적 열정을 빼면 아무 내용이 없는 삶이요, 그래서 분명 행복한 삶이라곤 할 수 없지만 어쨌든 가벼운, 무게가 적고 따라서 쉽게 내동댕이칠 수 있는 삶이다. 언제든 자살할 수 있다는 각오가 히틀러의 정치 경력을 늘 따라다녔다. 그리고 마지막에는 당연한 일이지만 정말로 자살했다.

히틀러가 결혼하지 않았고 아이가 없다는 것은* 잘 알려진 일이다. 사랑도 그의 삶에서는 비정상적으로 작은 역할밖에 하지 못했다. 그의 삶에 많지는 않아도 몇 명의 여자가 등장한다. 그는 그녀들을 하찮게 여겼고, 행복하게 해주지도 못했다. 에바 브라운Eva Braun은 늘 소홀한 대우를 받고 계속 모욕을 받은 끝에("그는 특정한 목적을 위해서만 나를 필요로 한다.") 두 번이나 자살을 시도했다. 그녀보다 앞선 애인이자 히틀러의 조카딸이기도 했던 겔리 라우발Geli Raubal은 실제로 자살했다. 아마도 같은 이유에서였을 것이다. 히틀러는 선거 유세를 위한 여행 중이었는데 그녀를 여행에 데려가지 않았다. 그녀가 자살을

---

* 최근의 주장에 따르면 히틀러가 1917년 병사 시절에 프랑스에서 프랑스 여인과의 사이에 결혼하지 않고 얻은 아들이 있었다고 한다. 설사 그것이 사실이라 해도 히틀러가 아들을 만난 적은 없었다. 히틀러의 생애에서 아버지가 되는 경험은 없었다.―원주

하자 그는 한 번, 딱 한 번 자신에게 더 중요한 일을 그녀 때문에 중단했다. 히틀러는 그녀의 죽음을 애도하고는 대역을 구했다. 이런 음울한 이야기가 히틀러의 생애에서는 그나마 위대한 사랑에 가장 가까운 것이다.

히틀러는 친구가 없었다. 그는 자기를 돕는 아랫사람들—운전기사, 경비병, 비서들—과 여러 시간씩 함께하기를 좋아했는데, 그 시간 내내 혼자 떠들었다. 이런 '운전기사 모임'에서 그는 긴장을 풀었다. 하지만 진짜 우정은 평생 거부했다. 괴링Hermann Göring, 괴벨스Paul Joseph Goebbels, 히믈러Heinrich Himmler 같은 남자들과는 언제나 냉정하게 거리를 두었다. 그는 부하들 중에서 젊은 시절부터 서로 '자네'라는 호칭을 쓰던 유일한 사람인 룀을 사살하라는 명령을 내렸다.•
룀이 정치적으로 불쾌한 존재가 되었기 때문이다. 이 과정에서 자네라는 호칭을 쓸 정도의 우정은 전혀 문제가 되지 않았다. 히틀러가 대체로 친근한 관계를 꺼린 점을 감안해보면, 룀과의 오랜 우정이 오히

• 히틀러가 권력을 잡는 과정에서 결정적인 도움을 주었던 일종의 사조직 군대인 돌격대SA의 대장 에른스트 룀Ernst Röhm은 히틀러와 절친한 친구였다. 하지만 룀은 당시 국방군이 아니라 자신이 이끄는 돌격대를 새로운 정부의 정식 군대로 삼고, 군인들이 핵심이 되는 국가를 만들기를 꿈꾸었다. 이것은 힌덴부르크 대통령이 죽은 다음 총통이 되어, 국방군을 수하에 두고 독일 전체를 장악하려는 히틀러의 야심에 방해가 되는 발상이었다. 힌덴부르크의 죽음이 가까울 무렵 1934년 6월 30일에 히틀러는 대대적인 음모를 바탕으로, 거대한 규모를 이루던 돌격대의 핵심 지휘자들을 체포하여 사살하고, 7월 2일에는 붙잡혀 있던 에른스트 룀마저 죽였다. 이로써 돌격대가 와해되면서, 히틀러는 군부를 장악하고 총통이 되는 길을 열었다. 룀 사건은 히틀러가 자신의 사조직 군대를 해체하면서 수많은 친구와 동지들을 학살, 제거한 중요한 사건이다.

려 그를 제거한 또 다른 동기가 되지 않았나 하는 의심마저 든다.

교육과 직업을 살펴보자. 히틀러는 정규적인 교육을 받지 못했다. 겨우 실업학교 몇 년, 그것도 아주 나쁜 점수를 받았다. 물론 그는 빈둥대던 시절에 많은 책을 읽었지만, 그 자신의 고백에 따르면 읽은 것 중에서 자기가 이미 알고 있는 것만 받아들였다. 정치 영역에서는 열성적인 신문 구독자 정도의 지식을 지녔다. 오로지 군사적인 일과 군사기술 분야에만 밝았다. 이 분야는 전선에서의 병사 때 경험을 동원해서 책에서 읽은 것을 비판적으로 이해하고 습득할 수 있었다. 이상하게 들리겠지만 이런 전선의 체험만이 그의 유일한 교육 체험이었다고 할 수 있다. 나머지 영역에서는 평생 얼뜨기 교육을 받은 자에 그쳤다. 모든 것을 언제나 더 잘 안다 여기고, 아무것도 모르는 사람들 앞에서 여기저기서 읽어서 합친 허접스러운 엉터리 지식으로 잘난 체하기를 좋아하였다. 총통 사령부에서의 테이블 대화 기록은 민망한 방식으로 그의 지식 결핍을 증명해준다.

히틀러는 그 어떤 직업을 가진 적도, 구하려 애쓴 적도 없다. 오히려 직업을 구해야 할 때마다 피해버렸다. 직업을 꺼리는 성향은, 결혼을 꺼리고 친근한 관계를 꺼리는 그의 성벽만큼이나 눈에 띄는 점이다. 우리는 또한 그를 직업정치가라고 부를 수도 없다. 정치는 그의 삶이었지만 직업이었던 적은 없다. 정치에 입문한 초기에 그는 자기 직업을 화가, 문필가, 상인, 홍보연설가라고 말했다. 뒷날에는 그 누구에게도 책임을 지지 않는 지도자[=총통]였다. 처음에는 정당의 지도자, 나중에는 그냥 지도자였다. 그가 역임한 최초의 정치적 직책은 총리직이었다. 직업적인 관점에서 보면 그는 특별한 총리였다. 가고 싶으면 언제든 여행을 떠나고, 자기가 원할 때 원하는 방식으로 서류를 읽거나 혹은 읽지 않았다. 각료회의는 매우 불규칙하게 소집하고, 1938년 이후로는 그나마 아예 없었다. 그의 정치적 노동 방식이 국가의 최고원수 방식이었던 적은 한 번도 없었다. 매인 데 없이 자유롭게 창작하는 예술가의 작업 방식에 가까웠다. 영감을 기다리며 며칠씩, 몇 주씩 겉보기에는 그냥 빈둥거리면서, 그러다 마침내 영감이 자신을 엄습하면 갑작스럽고 격렬한 활동으로 돌진하는 예술가 방식이었다. 히틀러는 최고 군사 지휘자로서 생애 마지막 4년 동안 처음으로 규칙적인 활동 방식을 실천에 옮겼다. 매일 두 번씩 열리는 진영 회의를 빼먹을 수는 없었다. 그러자 영감은 점점 더 떠오르지 않았다.

누군가는 스스로 내세운 위대한 목적에 자신을 온전히 바쳐 역사를 만들겠다는 명예욕을 가진 남자들에게 사생활이 거의 없거나 공허한 것이 그다지 특별한 건 아니라고 말할지 모르겠다. 그렇지 않다. 각각 다른 이유에서 히틀러에 견줄 수 있는 네 남자가 있다. 물론 히틀러가 이기지는 못하지만. 나폴레옹, 비스마르크, 레닌, 마오쩌둥 등이다. 이들 중에 그 누구도, 심지어 나폴레옹도 최후의 히틀러처럼 그렇게 끔찍하게 실패하지는 않았다. 이것이 히틀러가 그들과 비교될 수 없는 주된 이유다. 하지만 이 부분은 제쳐놓아도 괜찮다. 현재의 맥락에서 지적하고 싶은 것은 그들 중 누구도 히틀러처럼 오로지 정치가일 뿐, 나머지 모든 영역에서는 완전히 제로였던 사람이 없다는 점이다. 네 사람은 모두 고등교육을 받았고, '정치에 입문하기' 전, 역사 속으로 들어가기 전에 일정한 직업을 가졌다. 장군, 외교관, 변호사, 교사였다. 네 사람 모두 결혼했고, 레닌만 자식이 없었다. 모두들 위대한 사랑을 했다. 조제핀 보아르네, 카타리나 오를로, 이네사 아르망, 장칭 등이 상대 여성이다. 그것은 이 위대한 남자들을 인간적으로 만들어주고 있으며, 또 그런 풍부한 인간성이 없다면 그들의 위대함에는 무언가가 결핍되었을 것이다. 히틀러에게는 그런 결핍이 있다.

히틀러의 삶에서 정말 관찰할 만한 것으로 넘어가기 전에 짤막하게 언급해야 할 결핍 사항이 또 있다. 히틀러에게는 성격이나 개성에서 발전도 성숙도 없다. 그의 성격은 일찌감치 확정되었다. 아니 압류되었다고 하는 편이 나을지도 모르겠다. 그리고 놀랍게도 언제나 똑같은 자리에 머물렀다. 그 무엇도 덧붙여지는 것이 없다. 무엇인가를 받아들이는 성격이 아닌 것이다. 부드럽고 사랑스럽고 화해하는 요소는 모두 결여되었다. 자주 수줍음처럼 작용하는, 접촉을 꺼리는 기질을 온건함으로 여기지 않는다면 그렇다. 긍정적인 특성들—의지력, 용기, 부지런함, 강인함 등—은 모두 '경직된' 면에 속한다. 부정적 특성들은 가차없음, 복수욕, 신의信義 없음, 잔인성 등이다. 게다가 아주 처음부터 나타나는 것으로 자기비판 능력이 완전히 결여되어 있다. 히틀러는 평생 동안 그야말로 자기 자신에만 푹 빠져 지냈으며, 아주 어린 시절부터 생애 마지막 날까지 자신을 과대평가하는 경향이 뚜렷

했다. 스탈린과 마오쩌둥은 자기 개인에 대한 숭배를 정치적 수단으로 삼았을 뿐, 스스로 거기에 완전히 말려들지는 않았다. 하지만 히틀러 숭배에서 히틀러는 숭배의 대상이었을 뿐만 아니라, 그 자신이 최초이자 가장 오래도록 충실한 신도였다.

히틀러 개인과, 별로 수확할 게 없는 개인적 전기는 이 정도로 충분하다. 이제 그의 정치적 전기로 넘어가기로 하자. 그것은 물론 관찰할 가치가 충분하고, 개인에 대한 전기와는 달리 발전과 상승이 부족하지 않다. 히틀러가 공식적으로 모습을 드러내기 오래전에 이미 시작되어 일곱 개의 단계 또는 비약을 거친다.

1. 일찌감치 삶을 대체하여 정치에 집중.
2. 최초의 (아직은 사적인) 정치 활동. 오스트리아에서 독일로 이민.
3. 정치가가 되기로 결심.
4. 대중연설가로서 자신의 집단최면 능력을 발견함.
5. 총통이 되기로 결심.
6. 개인적 기대수명에 맞추어 정치 시간표를 짜기로 결심.
7. 자살 결심.

마지막 두 가지 결심은 고독한 결심이라는 점에서 앞선 결심들과 구분된다. 나머지 결심에서는 모두 주관적 측면과 객관적 측면이 특별히 구분되지 않는다. 모두 히틀러의 결심이지만, 그의 내면에서 또는 그를 통해서 번번이 시대정신, 또는 시대의 결정이 돛에 부는 바람처럼 함께 작용한다.

화가로서의 야망이 실패하고 새로운 관심 영역으로 야망을 옮긴 열여덟 또는 열아홉 살에 깨어난 정열적인 정치적 관심은 이미 시대 분위기에 어울리는, 또는 시대 분위기에서 나온 것이었다. 1차 세계대전 이전의 유럽은 오늘날보다 훨씬 더 정치적인 시대였다. 당시 유럽은 제국주의 열강들의 유럽이었다. 모든 나라가 지속적인 경쟁과 1위 다툼, 그리고 전쟁 준비 상태에 있었다. 이는 누구에게나 자극적이고 흥미진진한 일이었다. 더욱이 계급투쟁의 시절, 붉은 혁명을 약속하거나 아니면 두려워하던 시절이었다. 그 또한 긴장시키는 일이었다. 이런저런 이유에서 부르주아 계급이 모이는 단골 식탁이나 프롤레타리아 계급의 주점에서 끊임없이 정치가 계속되었다. 사생활은, 노동자뿐만 아니라 부르주아 계급도 오늘날보다 훨씬 답답하고 빈약했다. 하지만 그래서 누구든 저녁 시간이면 자신의 조국과 더불어 사자나 독수리가 되었고, 자신의 계급과 더불어 위대한 미래를 위한 기수가 되던 시절이었다. 달리 할 일도 없던 히틀러는 하루 종일 그렇게 보냈다. 당시에 정치는 거의 모든 사람에게 어느 정도까지는 삶을 대신하였다. 젊은 히틀러에게는 완전히 삶을 대신하는 것이었다.

민족주의와 사회주의는 당시 대중을 움직이는 강력한 구호였다. 그 둘을 결합할 수만 있다면 얼마나 강력한 폭발력을 낼 것인가! 젊

히틀러에 붙이는 주석

은 히틀러에게 이미 이런 발상이 있었을 법하지만, 확실하지는 않다. 그는 뒷날 이렇게 썼다. 빈에서 지내던 1910년 무렵, 그러니까 스무 살 무렵에 자신의 정치적 세계관의 '확고한 토대'를 놓았다고. 하지만 이 세계관이 정말로 민족사회주의〔=국가사회주의, 나치즘〕라 부를 만한 것이었는지는 논란의 여지가 있다. 빈 시절에 이미 형성된, 최초의 그리고 가장 밑바탕에 깔린 진짜 히틀러 사상이란 민족주의와 사회주의를 결합한 것이 아니라 민족주의와 반유대주의를 결합한 것이었으니 말이다. 특히 반유대주의는 그중에서도 가장 먼저 생겨난 것으로 보인다. 히틀러는 타고난 혹처럼 처음부터 반유대주의를 지니고 다녔다. 하지만 특수한 종류의 민족주의, '큰 도이치' 색깔을 지닌 민족주의는 분명히 빈 시절에 나왔다. 그에 반해 사회주의는 뒷날 덧붙여진 듯하다.

히틀러의 반유대주의는 동유럽의 산물이다. 세기가 바뀔 무렵 서유럽과 독일에서 반유대주의가 시들해지면서, 유대인의 동화同化와 통합이 바람직한 일로 여겨지고 또 진행 중이었다. 하지만 수많은 유대인들이 자발적 또는 억지로 이민족으로 존재하던 동유럽과 남부유럽에서는 반유대주의가 치명적인 풍토병이 되어서 동화와 통합이 아니라 제거와 뿌리 뽑기를 지향하였다. 유대인에게 그 어떤 출구도 허용하지 않는 이런 동유럽 방식의 반유대주의가 빈으로 깊이 스며들었고―메테르니히Klemens Metternich의 유명한 말에 따르면 빈의 제3구역에서 이미 발칸 반도가 시작되는 만큼―젊은 히틀러는 바로 빈에서 이런 반유대주의를 주위들은 것이다. 경위는 알 수 없다. 개인적인 불쾌한 체험은 보고된 바가 없고, 그 자신도 그런 주장을 한 적이 없다. 『나의 투쟁』Mein Kampf(1925~1927)의 서술에 따르면 유대인은 다른 인간이라는 인식으로 이미 충분하고, 결론적으로 "그들이 다르기 때문에 사라져야 한다." 히틀러가 뒷날 이런 결론을 어떻게 합리화했는지 설명하는 것은 뒷장으로 미루고, 또 어떻게 실천했는지는 그보다 더 뒤로 넘긴다. 우선은 치명적인 동유럽산 변종 반유대주의가 그토록 불확실한 그의 삶에서 그 어떤 실질적인 결론도 없이 젊은이의 내면에 깊고도 확실하게 새겨졌다는 것만 말해둔다.

빈 시절의 또 다른 산물인 '큰 도이치 민족주의'[*]는 사정이 다르다. 그는 1913년에 생애 처음으로 정치적인 결심을 했다. 독일로 이주하겠다는 결심이었다.

젊은 히틀러는 오스트리아 사람이었지만 스스로 오스트리아 사람이 아니라 독일 사람이라 느꼈다. 그것도 독일 제국의 건설 과정에서 부당하게 제국에서 배제되어 피해를 입고 방치된 독일 사람이라고 느꼈다. 이런 감정으로 그는 그 시대 수많은 도이치-오스트리아 사람

---

[*] 모든 도이치 민족의 대동단결을 뜻하는 말로, 히틀러가 지향하는 민족주의이기도 하다. 이는 독일 통일 과정에서 등장한 '큰 독일 해법'과 '작은 독일 해법'에서 나왔다. 큰 독일 해법이란 과거 신성로마제국의 수장이던 오스트리아가 중심이 되어 모든 도이치 민족을 통합하여 큰 독일을 건설한다는 것이다. 하지만 실제로는 프로이센이 중심이 된 작은 독일 해법이 실현되었다(1871년). 그 과정에서 오스트리아 제국은 독일 제국에서 분리되었다. 큰 도이치 민족주의의 관점에서 보면 오스트리아를 독일에 합병하는 것은 너무 당연한 일이었다.

의 감정을 공유했다. 오스트리아 제국에 사는 도이치 사람들은 전체 독일을 뒷심으로 삼아 복잡한 다민족 제국을 통치하고 지배할 수 있었다. 1866년* 이후 그들은 독일에서 제외되었고, 그들 자신의 제국에서도 소수민족으로 전락하였다. 그들은 오스트리아 제국에 속한 여러 민족들의 각성하는 민족주의에 맞서 장기적인 대책 없이 (그나마 헝가리와 나누어) 패권을 쥐고 있기는 했으나, 힘과 숫자상 그런 패권을 유지하기도 어려운 상황이었다. 이렇게 난감한 처지에서는 다양한 결론을 이끌어낼 수 있는 법이다. 젊은 히틀러는 결론을 도출하는 데는 늘 강했기에 일찌감치 가장 과격한 결론을 이끌어냈다. 오스트리아는 붕괴되어야 하고, 그로써 큰 독일 제국이 나와서 모든 도이치 혈통 오스트리아 사람을 다시 포괄하여 공동상속자인 작은 국가들을 도이치 민족 중심으로 다시 지배해야 한다는 결론이었다. 마음속으로 그는 더 이상 오스트리아 - 헝가리 이중 제국**의 신민이 아니라 장차

• 중세 이후 오늘날의 독일과 오스트리아가 속해 있던 신성로마제국은 1806년에 붕괴되었다. 그로부터 65년이 지난 1871년 프로이센이 주축이 된 독일 제국이 출범한다. 그 과정에서 1866년에 프로이센과 오스트리아 사이에 전쟁이 벌어졌고, 여기서 프로이센이 승리하여 통일 독일의 주역이 된다. 이 전쟁에서 패배하면서 오스트리아는 독일 제국에서 제외되었다. 홀로 된 오스트리아 제국은 그 자체로 거대한 영토를 가진 나라였다. 이 제국은 도이치 민족이 지배계급을 이루지만, 헝가리와 체코 등 여러 민족들로 이루어진 다민족 제국으로서 숱한 내부 갈등에 시달렸다.

•• 1866년 패배 이후 오스트리아의 황제 프란츠 요제프 1세는 제국 내 막강한 세력인 헝가리 민족과 타협하지 않을 수 없었다. 협상 결과 1867년 2월부터 '오스트리아 제국 - 헝가리 왕국'이라는 기묘한 타협안이 나왔다. 나라를 분리하지 않고 기존 오스트리아 제국 영토의 일부가 헝가리 왕의 통치권으로 넘어갔다. 하지만 이런 타협안은 오스트리아 안에 있는 나머지 다른 여러 민족의 반발을 사는 원인이 되었다. 어쨌든 이 이중 제국은 1차 세계대전이 끝나는 1918년까지 지속되었다.

다가올 큰 독일 제국의 신민이었으며, 이런 전제로부터 다시 자기 자신을 위한 또 다른 결론들을 끌어냈다. 물론 가장 과격한 결론이었다. 1913년 봄에 그는 이민을 떠났다.

오늘날 우리는 히틀러가 오스트리아의 병역을 피하여 빈에서 뮌헨으로 이주했음을 알고 있다. 징병 기피나 비겁함에서 비롯된 일이 아니라는 것은 그가 1914년 전쟁이 일어나자 곧바로 자원입대함으로써 입증했다. 다만 오스트리아 군대가 아니라 독일 군대에 입대했다. 1913년에 이미 전쟁의 분위기가 무르익고 있었다. 히틀러는 자기가 내면에서 이미 결별을 선언한 바를 위해 싸우고 싶지 않았고, 이미 끝났다고 여기는 국가를 위해 싸우고 싶지도 않았다. 그때는 아직 정치가가 되겠다는 생각과는 먼 거리에 있었다. 직업도 없는 외국인으로서 독일 제국에서 어떻게 그런 꿈을 꿀 수 있겠는가? 하지만 그는 이미 정치적으로 행동했다.

전쟁에서 히틀러는 정치적으로 행복감을 느꼈다. 다만 그의 반유대주의만 충족되지 않았다. 그의 뜻대로였다면 전쟁을 이용해 제국에서 '국제주의'Internationalismus를—히틀러는 ti 대신 szi라고 소리나는 대로 철자를 잘못 쓰곤 하던 이 낱말로 유대인을 가리켰는데—몰아내야 했을 것이다. 하지만 이것 말고는 4년 동안 모든 것이 술술 잘 풀렸으니, 승리에 승리를 거듭한 셈이었다. 오직 오스트리아 사람들만이 패배했다. '오스트리아의 사정은 내가 언제나 말하던 대로 될 것'이라고 그는 전방에서 뮌헨의 지인에게 보낸 편지에 사정을 잘 안다는 투로 말했다.

이제 우리는 정치가가 되겠다는 히틀러의 결심에 이르게 된다. 그가 '내 삶에서 가장 중요한' 결정이라고 부른 여러 가지 결심 중 하나였다. 1918년 혁명*을 통해서 이런 일이 객관적으로 가능하게 되었다. [1차 대전 직후 제국이 무너졌으니 망정이지] 제국에서라면 히틀러와 같은 사회적 위치의 외국인으로서는, 혹 사회민주당이라면 모를까, 정치활동을 시작조차 해볼 수 없었을 것이다. 히틀러는 사회민주당과는 도무지 맞지 않는 데다, 국가정책에 대한 실제 영향력으로 보자면 사회민주당은 막다른 골목을 뜻했다. 혁명을 통해 비로소 정당들이 정권을 잡을 길이 열렸고, 동시에 전통적인 정당 체계가 아주 심하게 흔들렸기에 신생 정당들도 기회를 얻을 수 있었다. 1918년과 1919년 사이 비 온 뒤 죽순이 나오듯 수많은 정당들이 생겨났다. 이제 히틀러가 오스트리아 출신이라는 것이 독일 정계에서 활동하는 데 아무런 장애도 되지 않았다. 당시 사람들이 표현한 것처럼 '독일오스트리아'의 성립은 승전국들에 의해 금지되었지만 1918년 이후로 독일-오스트리아 국경선 양쪽에서 모두 열렬히 원했고, 내적으로는 이미 성취된 것으로 여겼기에 독일에 사는 오스트리아 사람은 더 이상 외국인으로 간주되지 않았다. 게다가 영주의 지배와 귀족의 특권을 없앤

---

* 1918년 독일의 좌파 혁명의 상황에 대해서는 이 책의 「성공」 장에 비교적 자세한 설명이 나온다.

혁명 이후에는 독일 정치가에게 사회적 제약이란 없었다.

이 부분을 강조하는 것은 이런 사실이 늘 간과되기 때문이다. 히틀러는 언제나 1918년 혁명을 '11월의 범죄'라 부르고 자신이 이 혁명의 공공연한 반대자라고 선포하면서 정치에 입문했고, 자신이 이 혁명의 산물임을 인정하려 하지 않았다. 하지만 객관적으로 보면 나폴레옹이 프랑스 대혁명의 산물이면서 어떤 의미에서 대혁명을 넘어섰듯이, 히틀러 또한 1918년 혁명의 산물이었다. 그들이 출현하기 전에 혁명이 없었다면 둘 다 생각조차 할 수 없는 인물들이다. 또한 두 사람은 혁명이 없애버린 것들을 그 무엇도 복구하지 않았다. 그들은 혁명의 적이었으나 혁명의 유산을 물려받은 것이다.

이 경우는 주관적으로 보아도, 즉 히틀러 자신의 표현을 믿어도 좋은데, 1918년 11월 혁명은 그가 정치가가 되기로 결심하는 계기가 되었다. 이 결심을 그는 1919년 가을에야 실천에 옮긴다. 하지만 1918년 11월 혁명은 그의 각성 체험이었다. "독일에 다시는 1918년 11월이 있어서는 안 되고, 또 있지도 않을 것이다."라는 것이 수많은 정치적 궁리와 사색을 펼친 끝에 나온 그의 최초의 결의이며, 아직 젊은 사조직 정치가가 자신에게 내놓은 최초의 구체적 목적이었다. 그 밖에도 그가 정말로 내놓은 유일한 목적이기도 했다. 실제로 2차 세계대전에서는 1918년 11월 혁명 같은 것이 다시는 없었다. 패색이 짙은 전쟁을 제때에 그만두지도 않았고, 혁명도 없었다. 히틀러가 그 두 가지를 모두 방해했기 때문이다.

그렇다면 '다시는 1918년 11월이 없다'는 말 속에 함축된 것이 무엇인지 자세히 살펴보자. 그 말은 정말 많은 것을 의미한다. 첫째로 그것은 미래에 1918년 11월과 같은 상황에서 혁명을 불가능하게 만들겠다는 결의다. 둘째로는―그렇지 않으면 첫째 결의가 공허하게 될 것이므로―그러한 상황을 다시 만들어내겠다는 결의다. 셋째로 그것은 패배한, 또는 패색 짙은 전쟁을 다시 해보겠다는 결의다. 넷째로 유능한 혁명 세력이 존재할 수가 없는 내적인 상황에서 전쟁을 다시 시작해야 한다는 뜻이다. 여기서 다섯째 결의까지는 그리 멀지가 않다. 즉 모든 좌파 정당 없애기. 하지만 내친 김에 정당이란 정당은 모조리 다 없애버리면 어떨까? 하지만 좌파 정당들을 후원하는 세력, 곧 노동자 계급을 없앨 수는 없으니까 그들을 정치적으로 민족주의 쪽으로 끌어들여야 한다. 그렇다면 여섯째로 그들에게 사회주의를 제안해야 한다. 어쨌든 일종의 사회주의, 그러니까 민족사회주의를 말이다.* 일곱 번째로 노동자들이 지금까지 가졌던 신념, 곧 마르크스주의는 없애야 한다. 여덟 번째로 그것은 마르크스주의 정치가와 지식인들을 실질적으로 없앤다는 뜻이며, 고맙게도 대부분의 유대인들이

---

* 민족사회주의 또는 국가사회주의Nationalsozialismus는 히틀러가 이끄는 나치 정당의 정식 이름에 들어 있는 정강정책이다. 서로 어딘지 아귀가 맞지 않는 민족주의와 사회주의를 합쳐서 당명을 만들었다. Nationalsozialismus라는 낱말에서 나치Nazi라는 약칭이 나오게 된다. 나치 정당의 정식 명칭은 Nationalsozialistische Deutsche Arbeiterpartei(die NSDAP), 곧 '민족사회주의 도이치 노동자당'이다.

바로 이들에 속하므로, 아홉 번째로, 그리고 히틀러의 가장 오랜 소원대로 모든 유대인도 함께 없앨 수 있게 된다.

여기서 우리는 히틀러가 정치에 입문하는 순간 이미 그의 국내 정책 강령이 거의 완성된 것을 보게 된다. 그는 1918년 11월과 또 그가 정치가가 된 1919년 10월 사이에 모든 것을 분명하게 만들고 정리할 시간을 충분히 가졌던 것이다. 그가 무엇인가를 분명하게 바라보고 거기서 결론을 도출하는 재능이 부족하지 않다는 것을 인정하지 않을 수 없다. 그런 재능은 빈 시절에도 이미 부족하지 않았거니와, 이론적으로 도출한 과격한 결론들을 똑같이 과격하게 실천으로 옮길 용기도 부족하지 않았다. 다만 이 모든 사고의 건축물이 하나의 잘못된 생각 위에 자리 잡았다는 점만은 특기할 만하다. 바로 1918년 혁명이 전쟁 패배의 원인이라고 생각하는 잘못 말이다. 실제로는 1차 대전 패배의 결과로 혁명이 일어났던 것이다. 하지만 이는 히틀러가 당시 매우 많은 독일 사람들과 공유하던 오류였다.

1918년의 각성 체험이 그에게 외교정책의 강령까지 제공하지는 않았다. 그가 외교정책을 만들기까지는 6, 7년이 걸렸지만, 우리는 여기서 잠깐 정리하도록 하자. 첫째, 히틀러는 자기 생각에 지나치게 일찍 중단된 전쟁을 무슨 일이 있어도 재개하기로 결심했다. 그런 다음에 새로운 전쟁을 단지 옛날 전쟁의 반복으로 만들지 않고, 1차 세계대전 도중과 이후에 서로 적대적인 세력들의 연합을 파괴해버린 온갖 대립들을 동원하여 새롭고도 더욱 유리해진 동맹관계 아래서 수행하겠다는 생각이었다. 여기서는 그의 생각이 차츰 발전하는 단계와, 1920~1925년 사이에 그가 마음속에서 가지고 놀았던 수많은 가능성들에 대해서는 다루지 않기로 한다. 그런 것들은 다른 책들에서 읽을 수 있다. 어쨌든 『나의 투쟁』에 정리된 결론에 따르면, 영국과 이탈리아는 동맹국 아니면 호의적인 중립국으로 만들고, 옛날 오스트리아-헝가리 제국의 후예 국가들과 폴란드는 조력자로 삼고, 프랑스는 미리 제거할 적국으로, 러시아는 정복하여 지속적으로 수하에 둘 적으로 여기고, 독일의 생존공간을 '독일 방식 인디아'로 만들어야 한다. 이것은 2차 세계대전의 밑그림이 되는 계획인데, 물론 영국과 폴란드가 처음부터 각자에게 할당된 역할을 받아들이지 않았기 때문에 그의 입맛대로 진행되지는 않았다. 이 결심은 앞으로도 여러 번 관찰하게 될 것이다. 히틀러의 정치적 발전을 다루는 이 자리에서 여기 오래 붙잡혀 있을 수는 없는 일이다.

이제는 1919년 가을부터 1920년으로 넘어가는 겨울에 히틀러가 정계에 공식적으로 등장하는 과정을 살펴볼 차례다. 이것은 1918년 11월의 각성 체험에 뒤이어 나타난 돌파 체험이었다. 여기서 돌파란 그가 '도이치 노동자당'—그가 재빨리 '민족사회주의 도이치 노동자당'으로 명칭을 바꾼—에서 갑자기 지도자가 된 것을 뜻하는 게 아니다. 그건 별 게 아니었다. 그가 입당할 당시는 당이라고 해봤자 별 볼일 없는 당원 몇백 명을 거느린 침침한 뒷방 모임에 지나지 않았으니까. 여기서 돌파란 자신의 연설 능력을 발견한 것을 의미한다. 정확한 날짜가 기록되어 있는데, 1920년 2월 24일 히틀러는 대중집회에서 첫 연설을 해서 엄청난 성공을 거두었다.

매우 다양한 사람들로 이뤄진 군중을—모임이 클수록, 다양한 사람들이 섞여 있을수록 더 좋은데—조종 가능한 단일 집단으로 바꾸는 능력, 대중을 먼저 일종의 황홀경으로 이끌어 집단 오르가슴 같은 것을 느끼게 하는 히틀러의 능력은 잘 알려져 있다. 이는 일반적인 연설 능력의 문제가 아닌 것이, 히틀러의 연설은 느리고 더듬거리듯이 시작되고, 그다지 논리적 구성을 갖추지도 못하고, 많은 경우 뚜렷한 내용이 거의 없다. 게다가 쉬고 거친, 콧소리가 섞인 목소리로 진행된다. 그것은 오히려 최면을 거는 능력, 쉽게 이용할 수 있는 집단적 잠재의식의 약점을 공략하여 언제나 제압하는, 강력한 의지력이 지닌 능력이었다. 이런 집단최면 작용이야말로 최초의, 그리고 오랫동안 히틀러의 유일한 정치적 자산이었다. 그것이 얼마나 강력했던가에 대해서는 경험한 사람들에게서 나온 수많은 증언이 있다.

하지만 대중에 대한 영향보다 더 중요한 것은 자기 자신에게 미친 영향이었다. 스스로 성교 불능이라 믿던 사내가 갑자기 성적 능력이라는 기적을 이룰 수 있음을 깨달았을 때, 어떤 느낌이 들지 상상하면 대강 그의 기분을 이해할 수 있을 것이다. 히틀러는 일찍이 전우들 사이에서도 평소에는 극도로 말이 없다가 이야기가 마음에 들면, 그러니까 정치와 유대인 이야기에 이르게 되면 갑자기 활발하게 연설하

히틀러에 붙이는 주석

며 열을 올리곤 했다. 당시에는 그런 행동으로 매우 이상하다는 반응과 함께 '몽상가'라는 별명을 얻었을 뿐이다. 그런 '몽상가'가 갑자기 스스로 대중 지배자임을 깨닫고 '북 치는 사람', '뮌헨의 임금'이라 불리게 되었다. 인정받지 못한 자의 조용하고 쓰라린 오만이 성공한 자의 도취된 자의식으로 바뀌었다.

그는 이제 다른 사람이 못하는 일을 자신이 할 수 있다는 것을 알았다. 게다가 적어도 국내 정책 영역에서는 자기가 무엇을 원하는지도 정확하게 알았다. 또한 앞으로 그 자신도 특정한 역할을 맡게 될 우파 영역의 유명한 정치가들 중 그 누구도 히틀러가 무엇을 원하는지 정확하게 모른다는 사실을 알아차렸다. 이 두 가지를 합한 결과 자기가 유일한 존재라는 느낌을 가지게 되었다. 실패자로서 '인정받지 못한 자'였을 때에도 그런 경향은 있었다. 이런 느낌에서 서서히 그의 정치생활에서 정말로 가장 큰, 세상을 뒤집는 결심이 생겨났다. 바로 총통이 되겠다는 결심이었다.

이 결심이 언제 이루어졌는지는 정확히 알 수 없고, 또 어떤 특별한 계기가 있었던 것도 아니다. 정치가로서 히틀러의 초기 경력에 그런 결심이 없었다는 것만은 확실하다. 당시 히틀러는 민족 각성 운동의 선전자, '북 치는 사람'이 되는 것으로 만족했다. 그는 황제시대의 패전한[1차 대전의] 장군들에 대한 존경심을 아직 지녔다. 그들은 당시 뮌헨에 모여서 온갖 종류의 쿠데타를 계획하고 있었다.* 특히 루덴도르프Erich F. W. Ludendorff 장군에 대한 존경심이 컸는데, 그는 전쟁 당시 독일군의 총사령관이었고, 이제 우파가 벌이는 온갖 정부 전복 운동에서 가장 중요한 중심인물로 활동하고 있었다.

그들과 가까이 지내면서 히틀러의 존경심은 사라졌다. 자기가 다른 누구도 갖지 못한 확고한 대중 지배력을 지녔음을 의식하면서, 히틀러는 차츰 모든 경쟁자들에 대해 정치적, 지적으로 우세하다는 느낌을 갖게 되었다. 그리고 언제부턴가 더욱 나아간 깨달음, 자명하지 않은 깨달음이 나타난 것이 분명하다. 그러니까 이 경쟁에서는 미래의 우파 정부에서 직위를 분배하고 서열을 결정하는 정도가 아니라, 정말로 전에 한 번도 존재한 적이 없는 어떤 것이 필요하다는 깨달음이었다. 모든 권한을 차지한, 헌법이나 그 어떤 권력 분배를 통해서도 방해받지 않는, 그 어떤 동료도 개입할 수 없는 지속적인 독재자의 지위를 가져야 한다는 깨달음이었다.

히틀러는 군주제가 사라지고 불가능하게 되면서 남겨진 진공상태를 확실히 보았다. 바이마르 공화국은 그 진공상태를 메울 수 없었다. 1918년 11월의 혁명가들이나 그 반대자들 어느 편도 공화국을 받아들이지 않았고, 오히려 유명한 표어대로 '공화파 없는 공화국'으로

• 전쟁이 끝날 무렵 좌파가 주도한 1918년 11월 혁명 결과 1871년 성립된 독일 제국이 무너지고, 좌파 정권이 주도하는 바이마르 공화국이 출범하게 되었다. 하지만 1차 대전을 지휘한 장군들 중 일부가 바이에른 지방정부 또는 공화국 정부를 무너뜨리고 권력을 되찾기 위해 여러 번의 쿠데타 시도를 했다. 어차피 경제적으로 막대한 부담을 안고 있던 바이마르 공화국은 출발 당시부터 정치적으로도 지독한 혼란을 겪었다.

남았다. 〔19세기의 유명한 스위스 역사가이며 역사 철학자이기도 한〕야코프 부르크하르트Jacob Burckhardt의 말을 빌리자면 1920년대 초에는 '이전의 폭력들과 유사한 그 무언가를 향한 동경이 저항할 수 없는 지경'이 되어서, '그런 것을 만들어내려고 노력하는' 분위기가 생겨났다. 대다수의 국민은 사라진 황제를 대체하기 위해서가 아니라 다른 이유에서 그랬다. 곧 패배한 전쟁에 대한 원한, 모욕으로 느껴진 강제적 평화조약에 대한 힘없는 분노에서였다. 시인 슈테판 게오르게는 1921년에 새로운 시대를 예언하면서 당시 널리 퍼진 분위기를 이렇게 표현했다.

　　도움을 줄 유일한 사람, 남자를 낳을 〔시대〕

그리고 그런 사람이 해야 할 일을 다음과 같이 그려 보였다.

　　그는 사슬을 끊고 쓰레기장을 쓸어내
　　질서를 세우고, 정도正道에서 벗어난 고향에 채찍질을 하여
　　위대한 것이 다시 위대한 것이 되고, 주인이 다시 주인이,
　　훈육이 다시 훈육이 되는 영원한 올바름을 세우고,
　　진짜 상징을 민중의 깃발에 새기고,
　　폭풍과 두려운 경보를 뚫고 이른 새벽
　　동이 틀 때 충실한 자신의 무리를 이끌어 활기찬 낮을 위해

일하여 새로운 왕국을 가꾸는 사람.

이 얼마나 히틀러를 빗댄 말인가! 심지어 저 '진짜 상징'인 갈고리 십자가가 (물론 반유대주의라는 부수적 의미 없이) 이미 수십 년 동안이나 슈테판 게오르게의 책을 장식하였다. 그보다 훨씬 이전인 1907년에 나온 게오르게의 시구절도 초기 버전의 히틀러를 빗댄 것처럼 들린다.

그 사람! 그 행동! 민족과 고등 평의회는 갈망한다.
너희들의 식탁에서 밥 먹은 사람을 바라지 마라!
어쩌면 여러 해 동안이나 살인자들 사이에 끼었다가 너희
감방에서 잠을 잔 사람일지 모르지. 그가 일어서서 행동한다.*

히틀러가 게오르게의 시를 알았을 것 같지는 않지만, 이런 시가

---

* 슈테판 게오르게(Stefan George, 1868~1933)는 중요한 시인이며 남자들의 결사대를 창안한 인물. 1907년 이후에 나온 그의 후기 작품 많은 곳에서 제3제국의 예언자처럼 들리는 구절들을 찾아볼 수 있다. 하지만 이어서 실제로 나타난 제3제국은 그의 마음에 전혀 들지 않았다. 그는 1933년 7월 12일에 65세 생일을 맞아 국가에서 자기를 위해 마련한 대규모 행사를 피해 스위스로 망명을 떠났다가 같은 해 스위스에서 죽었다. 게오르게 협회의 회원이며, 나이 들어가는 시인을 따르던 마지막 제자 중의 한 사람이 바로 슈타우펜베르크 백작 클라우스이다. 슈타우펜베르크 백작은 1944년 7월 20일에 히틀러 암살을 시도했다가 히틀러에게 붙잡혀 목숨을 잃었다. 게오르게는 원래 히틀러의 권력 장악을 열광적으로 환영했었다. 독일 역사에서 '게오르게-히틀러-슈타우펜베르크'를 다룬 장이 아직 없으나, 그런 글이 쓰여야 할 것이다. —원주

표현한 당시 분위기는 알았고, 또 그런 분위기가 그에게도 영향을 미쳤을 것이다. 그런데도 모두가 기다리는 기적을 행할 '그 사람'이 되겠다는 결심은 분명히 사나운 용기가 필요한 일이었다. 그때나 훗날에나 히틀러 말고는 아무도 그런 용기를 내지 못했다. 1924년에 구술한『나의 투쟁』제1권에는 이런 결심이 완전히 무르익은 모습으로 기록되어 있다. 그리고 1925년에 정당을 새로 창당할 때 그 결심은 처음으로 공식적으로 실행되었다. 새로운 '민족사회주의 도이치 노동자당'[나치당]에는 처음부터 언제나 하나의 의지만이 있었으니, 곧 지도자의 의지였다. 히틀러의 내적인 정치 발전 과정에서 보면, 지도자[총통]가 되겠다는 결심이 뒷날 훨씬 더 큰 틀에서 실현되었다는 사실도, 처음에 감히 그 결심을 했던 일보다는 오히려 작은 도약이었다.

그 사이에 계산하기에 따라 6년, 9년, 또는 10년이 흘렀다. 아무에게도 책임을 지지 않는 '총통'의 권한을 그는 1933년이 아니라 1934년 힌덴부르크Paul von Hindenburg 대통령이 죽은 다음에야 얻기 때문이다. 히틀러가 총통이 되었을 때는 마흔다섯 살이었다. 하지만 그와 더불어 남은 기간 동안에 자신이 국내정치 강령과 국제정치 강령을 얼마나 실현할 수 있을까 하는 의문이 나타났다. 그는 극히 특이한, 오늘날에도 대체로 알려지지 않은 정치적 결단으로 이 의문에 답했다. 이 답은 처음에는 완전히 비밀이었다. 그의 답변은 다음과 같다. 모두 다 실현하자! 그리고 이 답변은 끔찍한 내용을 함축하였다. 곧 자신의 정치와 정치 시간표를 지상에서 자신의 예상 수명에 맞춘다는 내용이었다.

말 그대로 전례가 없는 결심이다. 생각해보라. 인간의 생명은 짧고 국가와 민족의 생명은 길다. 모든 국가 헌법들이, 공화국이든 왕국이든 그런 기본 사실을 바탕으로 한다. 그리고 '역사를 만들려고' 하는 '위대한 남자들'도 이성으로든 본능으로든 그것을 받아들인다. 예를 들면 앞에서 히틀러와 비교한 네 사람 중 그 누구도 자신이 대체 불가능한 유일한 존재가 되어야 한다는 생각을 하지는 않았다. 비스마르크는 지속성을 위해 계획된 헌법 체계에서 강력하지만 분명히 제한된 직위를 만들었다. 그리고 그 자리를 내놓아야 할 때 불만스러웠지만 순순히 자리를 내놓았다. 나폴레옹은 왕조를 세우려 했다. 레닌과 마오쩌둥은 후계자 양성소 역할을 하는 정당을 조직하였다. 그리고 이 정당들은 정말로 유능한 후계자들과 함께 무능한 후계자들도 내놓았다. 무능한 후계자들은 대개 피를 흘리는 위기 상황에서 제거되곤 했다.

히틀러에게는 그런 것이 없다. 그는 모든 것을 대체 불가능한 자신의 유일함에 맞추었다. 영원한 '나 아니면 카오스'에 맞춘 것으로, '내 뒤는 대홍수'라고 말할 수 있을 정도다. 헌법도 없고 왕조도 아니었다. 히틀러가 결혼을 기피하고 자식도 없었다는 점을 빼고도 왕조는 물론 시대에 맞지 않는 것이었지만. 하지만 진짜로 국가를 짊어지고 나아갈, 총통을 배출할 지속적인 정당도 없었다. 정당이란 히틀러에게는 자신의 개인적 권력 장악의 도구였을 뿐이다. 정당에 중앙위

원회란 것이 있었던 적도 없고, 여기서 후계자가 나오게 하지도 않았다. 그는 자신의 생애 시간을 넘어 생각하고 그에 대비하기를 거부했다. 모든 것이 자신을 통해서만 일어나야 했다.

이로써 그는 상당한 시간적 압박을 받게 되었고, 그래서 지나치게 서둘러 부적절한 정치적 결정들을 내려야 했다. 각각의 상황과 가능성에 맞추지 않고, 한 사람의 생명의 지속 여부에 따라 결정된 모든 정책은 부적절할 수밖에 없었다. 하지만 그것이 히틀러의 결심이었다. 그것은 특히 그가 마음에 품고 있던 저 거대한 생존공간 전쟁이 무조건 자기가 살아 있는 동안 자신의 손으로 이루어져야 한다는 뜻이었다. 물론 이에 대해 한 번도 공공연히 말한 적은 없다. 만일 그가 그렇게 말했다면 독일 국민은 상당히 놀랐을 것이다. 하지만 1945년 2월 보어만Martin Bormann에게 한 구술에서 그는 모든 것을 공공연히 밝히고 있다. 자기가 전쟁을 1년 늦게 시작한 거라고, 그러니까 1939년이 아니라 1938년에 시작했어야 했다고 탄식한 다음에("하지만 영국과 프랑스 놈들이 뮌헨에서 내 요구를 모조리 받아들였으니 나도 어쩔 수가 없었어.") 그는 이렇게 덧붙였다. "불행히도 나는 모든 것을 한 인간의 생애라는 짧은 시간 안에 완성해야 한단 말이지……. 남들은 영원이라는 시간을 쓰는 판에 내겐 겨우 보잘것없는 몇 년밖에 없으니. 남들은 후계자가 이어가리라는 걸 알고 있건만……." 물론 그 자신이 후계자가 생길 수 없게 만들었다.

1939년 전쟁을 시작하던 시기에도 그는 몇 번 ─공식적인 자리

에서는 아니지만—독일의 역사를 자기 개인의 생애의 역사와 맞추거
나 아니면 자기 생애의 역사에 따르게 만들기로 결심했음을 내비쳤
다. 루마니아의 외무장관 가펜쿠Grigore Gafencu가 1939년 봄에 베를
린을 방문했을 때 히틀러는 그에게 이렇게 말했다. "나는 쉰다섯이나
예순 살이 되었을 때보다는 쉰 살에 전쟁을 할 생각이다." 같은 해 8월
22일 장군들 앞에서도 그는 '뒤집을 수 없는 전쟁의 결심'을 설명하
면서 다른 이유들과 함께 '자신의 위치와, 비할 데 없는 권위'를 이유
로 내놓았다. 자신과 같은 존재는 아마 뒷날 다시는 없을 거라는 말이
었다. "내가 얼마나 오래 살지는 아무도 모른다." 그리고 몇 달이 지나
서 11월 23일에 역시 장군들에게 서부전선 공격 계획을 서두르는 이
유를 설명했다. "마지막 요인으로는 극히 겸손하게 나 개인을 들고 싶
다. 이건 대체할 수 없는 것이다. 군인이나 시민 중 나를 대체할 사람
은 없다. 암살 시도가 되풀이될 수도 있고……. 제국의 운명은 오로지
내게 달려 있다. 나는 그에 따라 행동하겠다."

그러니까 마지막 이유로 역사를 자신의 생애에 맞추고, 국가와
민족의 운명을 자기 자신의 삶의 시간에 맞추겠다는 결심이었다. 그
야말로 숨이 턱 막히는 도착과 과장의 사고법이다. 이런 생각이 언제
히틀러를 사로잡았는지는 분명하지 않다. 20년대 중반에 확고해진 히
틀러의 총통 개념 안에 이미 그 싹이 들어 있었다. 총통이 가진 절대
적 무책임성에서 절대적인 대체 불가능성으로 넘어가는 것이 그리 먼
걸음은 아니다. 그런데도 히틀러가 전쟁을 향한 결정적 걸음이기도

한 이 한 발짝을 30년대 후반에서야 비로소 옮겼음을 증언해주는 몇 가지 사실이 있다. 처음으로 드러난 기록은 1937년 11월 5일자로 된 이른바 호스바흐 프로토콜*이다. 히틀러는 이날 고위 관료들과 군 지휘자들에게 자신의 전쟁 의도에 대해서 처음으로 발언했는데 상당히 모호한 그 발언이 모두를 두렵게 만들었다. 그의 확신이 미신의 영역에까지 도달하고 특별히 선택되었다는 의식에 이르려면, 아마도 초기 통치 기간에 그 자신도 거의 기대하지 않은 놀라운 성공이 필요했던 모양이다. 이렇게 특별히 선택된 존재라는 느낌은 자신을 독일과 동일시하는 것을 정당화했을 뿐만 아니라("제국의 운명은 오로지 내게 달려 있다.") 독일의 생사를 자기 자신의 생사에 종속시키는 것까지 정당화하였다. 어쨌든 그는 마지막에 그렇게 행동했다.

그에게 삶과 죽음이란 늘 아주 가까운 것이었다. 잘 알려져 있다시피 그는 자살로 삶을 마감했다. 느닷없는 일도 아니었다. 실패할 때마다 늘 자살의 성향을 드러냈으니, 독일의 운명을 매달아놓은 그의 목숨이란 게 언제라도 내동댕이칠 각오가 되어 있는 목숨이었던 것이다. 1923년 뮌헨의 쿠데타가 실패한 다음 그는 당시 비교적 편하게 느끼던 에른스트 한프슈탱글Ernst Hanfstaengl에게 이제 끝장을 내야 하니 스스로 권총을 쏘겠다고 말했다. 한프슈탱글의 말로는 그를 말리

• 1934년부터 1938년까지 독일군 참모부에서 히틀러의 부관으로 재직한 프리드리히 호스바흐(Friedrich Hoßbach, 1894~1980)가 1937년 11월 5일에 히틀러가 발언한 내용을 임의로 기록한 것이 '호스바흐 프로토콜'이다.

느라 힘깨나 들었다고 한다. 뒷날 1932년 12월에 당이 쪼개질 위기에 몰렸을 때는 또 괴벨스에게 이렇게 말했고, 괴벨스는 기록으로 남겼다. "당이 쪼개진다면, 나는 5분 안에 피스톨로 끝장을 보겠어."

1945년 4월 30일에 그가 실제로 자살한 것을 보면 그저 말뿐만은 아니었다. 괴벨스에게 말한 '5분 안에'라는 말은 많은 것을 알려준다. 언제나 같은 눈금이 새겨진 뒷날의 발언들에서는 그것이 초로, 마지막에는 심지어 '1초의 몇 분의 1'로 바뀌었다. 히틀러는 분명히 평생 동안 자살이 얼마나 빨리 이루어질 수 있는지, 얼마나 쉽게 끝날지 따위를 궁리했다. 스탈린그라드 패배 이후에 그는 파울루스Friedrich W. E. Paulus 원수가 러시아에 항복하는 대신 권총 자살을 하지 않은 것에 실망감을 내비쳤다. "옛날 장수들이 패배한 것을 알면 스스로 칼로 뛰어들어 목숨을 끊은 것처럼 그도 스스로 권총을 쐈어야지……. 어떻게 그런 것에 두려움을 가질 수 있나, 단 1초면 이런 어두운 생각에서 해방될 텐데. 의무감이 이 비참의 골짜기에 자신을 붙잡아두는 것도 아니라면 말이지. 흠!" 그리고 7월 20일의 암살 시도가 있는 다음에는 이렇게 말했다. "내 목숨이 끝났다면 내 자신에게는 이렇게 말할 수 있겠지. 근심과 불면의 밤들과 무거운 신경쇠약에서 해방되었다고. 1초의 몇 분의 1이면 그 모든 것에서 해방되어 휴식과 영원한 평화를 얻는데."

히틀러가 실제로 자살했을 때 놀라는 사람은 거의 없었다. 마치 당연한 일처럼 정리되었다. 패전한 다음에 책임자가 자살하는 것이 통상적으로 당연한 일이라서가 아니었다. 그것은 당연한 일이 아니라 극히 드문 일이다. 히틀러의 자살은 돌이켜보면 히틀러의 삶이 처음부터 자살을 지향한 것처럼 보였기 때문에 당연하게 여겨졌다. 히틀러의 사생활은 불행이 닥쳤을 때 자신을 보호하기에는 너무 공허했다. 그의 정치적 삶은 거의 처음부터 전부 아니면 무無의 문제로 보였다. 무로 밝혀진 다음 당연한 것처럼 자살이 이어졌다. 히틀러는 늘 자살에 필요한 특별한 용기를 지니고 있었고, 누구에게 물어도 그에게 그런 용기가 있었음을 인정했을 것이다. 그리고 특이하게도 사람들은 그의 자살을 별로 나쁘게 여기지도 않았다. 그냥 너무 자연스러워 보였다.

고통스런 양식 파괴처럼 부자연스러운 점은 살아 있을 때는 별로 중히 여기지도 않던 애인을 함께 죽음으로 데려간 것, 그것도 극히 속물적이고 효과 엉망인 제스처를 동반했다는 것, 그러니까 삶을 끝내기 24시간 전에 남몰래 결혼식을 올렸다는 사실이다. 그리고 그에게는 다행스럽게도 훨씬 나중에야 알려진 사실은—그렇지 않았다면 당연히 모두가 그에게 분개했을 테니—자신의 죽음과 더불어 독일 또는 독일의 잔해도 함께 가져가려 했다는 점이다. 그에 대해서, 그리고 독일과의 관계에 대해서는 마지막 장인 「배신」에서 다룰 것이다.

지금은 히틀러의 특별한 성과, 그리고 당시 사람들에게 놀라운 성공으로 보였던 것을 더욱 자세히 살펴보려고 한다. 이 두 가지가 부정할 수 없이 분명하게 존재하였기 때문이다.

성과

Anmerkungen
zu Hitler

히틀러는 12년 통치 기간 중 처음 6년 동안 거의 아무도 이전에 그에게 기대하지 않았던 성과로 친구들과 적들을 모두 깜짝 놀라게 했다. 이것은 당시 그의 적들을—1933년에는 독일 국민 대다수가 적이었는데—당혹하게 하여 내면에서 무장 해제시켰고, 일부 나이 많은 사람들에게는 오늘날까지도 은밀히 명망을 유지해준 일이었다.

그 이전에 히틀러는 오로지 선동가라는 명성만을 얻었었다. 대중 연설가로서, 그리고 대중 최면술사로서의 성과들은 전혀 논란의 여지가 없었고, 1930~1932년에 절정에 이른 위기의 기간에 시간이 흐르면서 점점 더 진지한 권력 후보자가 되었다. 하지만 그가 권좌에 올라서도 자신을 지켜내리라고 기대한 사람은 아무도 없었다. 통치는 연설과는 다르다고들 했다. 또한 히틀러가 연설에서 통치자들에게 과격한 비난을 퍼부으며 모든 권한을 자신과 자신의 당을 위해 내놓으라고 요구하고, 모순을 고려하지 않은 채 온갖 종류의 불만을 가진 사람들에게 맞장구를 쳐대면서, 당시 가장 중요한 근심거리인 경제 위기와 실업 문제에 대해 어떤 대책을 가지고 있는지 구체적인 계획을 전혀 내놓지 않았다는 것도 눈에 띄는 일이었다. 작가 투홀스키 Kurt Tucholsky가 "그 사람이란 없다. 그는 그 자신이 만들어내는 소음일 뿐"이라고 썼을 때 그것은 수많은 이들의 마음을 대변한 말이었다. 그런 만큼 그 사람이 1933년 권력을 장악한 이후, 매우 활력이 넘치고 발상이 풍부하고 능률적인 활동가라는 사실이 드러나자 심리적 반작용이 더욱 컸다.

1933년 이전에도 히틀러의 관찰자와 비평가들이 조금이라도 자세히 들여다보았다면 연설 재능 말고도 한 가지가 더 눈에 띄었을 것이다. 즉 그의 조직 능력인데, 더 엄밀히 말하자면 대단한 업적과 성과를 낳을 수 있는 권력 기구를 만들고 지배하는 능력이었다. 20년대 말의 민족사회주의당은 오로지 히틀러의 작품이었고, 30년대 초 유권자들의 지지를 받기도 전에 이미 조직력이라는 면에서는 다른 모든 정당보다 우월한 위치에 있었다. 이 정당은 옛날에 유명했던 사회민주당의 조직을 훨씬 능가하는 조직이었다. 사회민주당이 황제시대에 차지하던 위치와는 달리 민족사회주의당은 이미 국가 속의 국가, 작은 규모의 반反국가가 되어 있었다. 그리고 일찌감치 둔중하고 자기만족적으로 변한 사회민주당과는 달리 히틀러가 이끄는 민족사회주의당은 처음부터 무시무시한 역동성을 지녔다. 이 당은 단 하나의 지배 의지에 굴복했다.(당내 경쟁자와 반대자를 언제든 가볍게 동화시키거나 제거하는 히틀러의 능력은 미래를 암시하는 특성으로, 세심하게 관찰했더라면 20년대에 이미 눈에 보였을 것이다.) 그리고 당의 가장 말단부에 이르기까지 투쟁의 열성이 넘쳤고, 당은 그 이전에 독일에서는 한 번도 없었던 씩씩하게 행진하는, 선거전을 위한 기계였다. 20년대 히틀러의 두 번째 작품은 내전용 군대인 돌격대SA로서, 당시의 다른 모든 정치적 전투 기구들은—민족주의 기구인 철모단Stahlhelm, 사회민주당 기구인 제국기Reichsbanner, 심지어는 공산당 기구인 붉은전사단Roten Frontkämpferbund까지도—여기 비하면 절뚝거리는 속물 단체처럼 보일 정도였다. 돌격대는 전투 열의와 돌격 능력에서 다른 모든 단체를 훨씬 앞섰으며, 잔인성과 살인 의욕에서도 당연히 앞섰다. 오로지 돌격대만이 진짜로 두려운 대상이었다.

1933년 3월 히틀러의 권력 장악 과정에 수반된 법률 위반에 대해 반발과 저항 의지가 그렇게 약했던 것도 히틀러가 의도적으로 만들어낸 이런 공포 때문이었다. 사람들은 더 나빠지는 것이 두려웠던 것이다. 돌격대는 1년 동안이나 피에 굶주린 채 미래에 맛볼 즐거움을 고대하며 '긴 칼의 밤'*을 예고하였다. 이것은 불발로 끝났다. 특별히 미움을 산 몇몇 원수들이 개별적으로 비밀리에 살해되고, 당연히 별다

---

* '긴 칼의 밤'은 오늘날 히틀러의 지시에 따라 1934년 6월 30일 밤 에른스트 룀과 돌격대 지도부를 체포하고 사살한 사건을 가리킨다. 그러나 동일한 이름이 히틀러 치하에서 여러 번이나 전혀 다른 맥락에서 작전명으로 사용되었다. 여기서는 히틀러가 정권을 잡기 전 돌격대 내부에서 쓰인 작전명으로서, 돌격대의 적들을 제거하려던 계획을 가리킨다.

른 처벌 없이 재빨리 은폐되었을 뿐이다. 히틀러는 직접 당당하게 (제국 최고법정에서 증인으로 맹세를 하고서) 자기가 권력을 잡으면 머리들이 굴러떨어질 것이라고 말했었다. '11월 범죄자들'*의 머리를 말하는 것이었다. 그러니 1918년 혁명의 전사들과 공화국의 유명 인사들이 1933년 봄과 여름에 '겨우' 수용소에 감금되는 정도로 끝나자, 그들이 혹독한 취급을 받고 목숨이 안전하지 않은 처지인데도 거의 안도하는 분위기였다. 실제로 그들은 얼마 뒤에 대부분 석방되었다. 심지어 몇 명은 전혀 아무런 해도 입지 않았다. 사람들은 대대적인 유대인 박해를 예상하였지만 실제로는 단 하루, 1933년 4월 1일에 유혈 사태 없이 상징적인 유대인 상점 거부 운동이 있었을 뿐이다. 간단히 말해서 모든 것이 아주 고약했지만, 그래도 예고된 것보다는 조금 덜 나빴다. "이건 단지 시작일 뿐이야."라고 말한 사람들이 ─나중에야 맞는 말이란 걸 알게 되지만─ 1933년과 1934년이 지나면서 공포가 차츰 줄어들고 1935~1937년에는 '선량'한 나치 시대, 그러니까 차츰 힘을 잃어가고 있지만 여전히 존재하는 수용소가 약간 신경에 거슬리기는 해도 어쨌든 정상적인 일상이 되돌아오면서 거짓말을 한 것처럼 보였다. 그리고 그때는 "유감스럽기는 하지만 그저 과도기 현상일 뿐"이라는 말이 맞는 것처럼 보였다.

---

* 1918년 11월 독일에서 벌어진 좌파 혁명의 주역들을 가리킨다. 1차 세계대전이 끝난 다음 군부는 패배의 책임을 회피하고자 후방에서 벌어진 혁명 세력의 음해로 인해 전쟁에서 패배했다고 선전했고, 히틀러는 이것을 사실이라 여겼다.

전체적으로 보면 처음 6년 동안 테러를 수단으로 삼되 그 양을 조절한 것—처음에는 사나운 협박으로 공포를 일으키고, 그런 다음 약간 누그러진, 그러면서도 여전히 상당한 수준의 테러 행위를 하고는 차츰 거의 일상으로 넘어가는 듯하지만, 바탕이 되는 기본 테러는 완전히 포기하지 않는 것—을 가리켜 심리의 대가인 히틀러의 업적이라고 불러야 할 것이다. 이런 방식은 처음에 거부하거나 아니면 기다려보자고 생각했던 사람들, 그러니까 대다수 사람들이 필사적으로 항거하지 않으면서도 적당한 정도의 두려움을 갖게 했다. 그리고 더 중요한 것은 훨씬 더 긍정적인 평가를 받는 히틀러 정권의 성과에 대해 사람들이 눈길을 돌리지 않게 했다.

히틀러의 이런 긍정적 성과 중에서 다른 무엇보다 중요하게 꼽을 것이 바로 그의 경제기적Wirtschaftswunder이다. 경제기적이라는 표현은 당시에는 없었다. 이것은 2차 세계대전 이후에 놀라운 속도로 재건과 재시동의 성과를 이룬 에르하르트* 시대를 가리키는 말이다. 하지만 이 말은 30년대 중반 히틀러 치하의 독일에 훨씬 더 잘 어울린다. 진짜 기적이 이루어졌으며, 그것을 이룩한 사람, 곧 히틀러가 정말 기적을 이루는 사람이라는 인상이 당시에 훨씬 더 깊고도 강렬했다.

히틀러가 제국의 총리가 된 1933년에 독일에는 600만 명의 실업자가 있었다. 불과 3년이 지난 1936년에는 완전고용이 이루어졌다.

● 루드비히 에르하르트(Ludwig Erhard, 1897~1977): 1960년대 독일의 경제장관, 총리.

아우성치던 곤궁과 대량빈곤이 사라지고 소박하나마 편안한 복지 상태가 실현되었다. 그에 못지않게 중요한 것은 대책도 없고 아무런 희망도 없던 상태에서 이제는 자신감과 확신이 생겼다는 사실이다. 그리고 더욱 놀라운 것은 불황에서 경제적 번영으로 넘어가는 과정에서 인플레이션 없이 임금과 물가가 완전히 안정되었다는 것이다. 이것은 뒷날 루드비히 에르하르트도 이루지 못한 일이었다.

독일인들이 이런 기적을 보고 얼마나 감사하고 당혹했을지, 1933년 이후 특히 노동자 계층을 사회민주당과 공산당에서 히틀러에게게로 대거 돌아서게 만든 저 고마움과 당혹감을 오늘날 제대로 짐작하기는 어려운 일이다. 1936~1938년에는 이런 감정이 전체 분위기를 압도하면서 당시 아직 히틀러를 거부하는 사람을 불평불만이 많은 사람으로 낙인찍었다. "그 사람도 결점이야 있겠지. 하지만 그래도 우리에게 일자리와 빵을 준 사람이야."라는 게 과거 사회민주당과 공산당을 지지했고 1933년에도 여전히 히틀러에 반대했던 대다수 사람들이 이 시절에 보인 반응이었다.

30년대 중반의 경제기적이 정말로 히틀러가 이룬 업적인가? 이런저런 반박을 예상할 수 있으나 그래도 이 질문에는 그렇다고 대답하지 않을 수 없다. 히틀러가 경제나 경제정책 면에서 완전 문외한이라는 말은 맞다. 경제기적에 발동을 건 몇 가지 발상들은 대부분 그의 생각이 아니었고, 당시 모든 것을 좌우한, 대단히 위험한 재정적인 묘기는 분명히 다른 사람, 곧 그의 '재정 마법사'인 히얄마르 샤흐

트Hjalmar Schacht의 공로였다. 하지만 샤흐트를 데려다가 먼저 제국은
행의 수장으로, 이어서 경제장관으로 일하게 한 사람이 히틀러였다.
그리고 이전부터 이미 존재하고 있었지만 전임자들이 주로 재정적 측
면의 온갖 고려 끝에 막은 경제 활성화 정책들을 서랍에서 꺼내 작동
시킨 사람도 히틀러였다. 세액공제부터 금속 가공 연구소 어음Mefo-
Wechsel, 근로봉사부터 고속도로에 이르기까지 여러 정책들이 나왔다.
그는 경제정책 전문가는 아니었다. 경제위기라는 우회로를 통해서,
특히 대량실업을 해결한다는 과제를 내걸고 권좌에 오르겠다는 생각
같은 것은 꿈에도 한 적이 없었다. 이런 과제는 그에게 전혀 맞지 않
았다. 1933년까지 그의 계획이나 정치적 사유 구조에서 경제적인 것
은 거의 아무 역할도 하지 못했다. 하지만 그는 경제가 지금 이 순간
에 핵심 역할을 한다는 사실을 알아챌 만큼 정치적 본능을 지녔고, 놀
랍게도 저 불운한 브뤼닝*과는 반대로 이런 시점에서는 팽창이 긴축
과 통화안정보다 더 중요하다는 사실을 알아챌 만큼 경제정책적인 본
능도 갖추고 있었다.

그 밖에도 히틀러는 전임자들과는 달리 통화 안정을 적어도 억지
로 겉보기만이라도 강요할 권력을 쥐고 있었다. 히틀러의 경제기적
에 따르는 이런 어두운 측면도 그냥 지나쳐서는 안 된다. 지속적인 세

---

* 하인리히 브뤼닝(Heinrich Brüning, 1885~1970): 바이마르 공화국 시절 총리의 한 사람. 재정
전문가였다.

계적 불황 한가운데서 독일만이 복지를 이루었기 때문에 외부 세계에 맞서 독일의 경제를 위한 방어벽을 칠 필요가 있었고, 또 그 재정정 책이 인플레이션을 유발하는 종류의 것이었기에 위로부터의 강제적 인 임금과 물가 동결 정책이 요구되었다. 배후에 수용소를 감추고 있 는 독재 정권에게는 이 두 가지가 모두 가능했다. 히틀러는 기업가 연 합이나 노동조합을 신경 쓸 필요가 없었고, 양쪽을 모두 '독일 노동전 선' 안에 붙잡아두고 옴짝달싹하지 못하게 했다. 허가를 받지 않고 외 국에서 장사를 하거나 상품 가격을 올리는 기업가를 수용소에 가둘 수 있었고, 마찬가지로 임금 인상을 요구하거나 그런 목적으로 파업 을 하겠다고 위협하는 노동자도 모두 수용소에 가둘 수 있었다. 그런 만큼 30년대의 경제기적을 히틀러의 공적이라고 부를 수밖에 없는 것 이다. 그리고 경제기적 덕분에 마지못해 수용소까지 받아들인 사람들 도 어떤 의미에서 논리적 일관성이 있었던 셈이다.

경제기적이 가장 인기 있는 히틀러의 업적이지만, 그것만이 그의 유일한 업적은 아니었다. 통치기의 첫 6년 동안 독일의 재무장과 군비 확장을 이룬 것도 똑같이 센세이셔널하고 예기치 못한 일이었다. 히 틀러가 총리가 되었을 때는 현대적인 무기도 공군도 없이 그저 10만 명의 군대뿐이었다. 1938년에는 유럽에서 가장 막강한 군대와 공군력 을 보유한 국가가 되었다. 믿기 힘든 업적이다! 이 또한 바이마르 시 대에 어느 정도의 사전 작업이 없었다면 불가능했을 것이고, 게다가 개별적으로는 히틀러의 세부 작업이 아니라 군 지도부가 이룩한 엄청난 성과였다. 하지만 히틀러가 명령을 내리고 영감을 주었다. 군사기적은 히틀러의 결정적인 자극이 없었다면 경제기적보다도 더욱 생각하기 어려운 일이었다. 게다가 임기응변에 지나지 않은 경제기적보다 그가 훨씬 더 오래 마음에 품었던 계획과 의도에서 나온 일이기도 했다. 군사기적이 히틀러의 손에서 뒷날 독일의 축복으로 작용하지 않았던 것은 분명 사실이다. 하지만 그렇기 때문에 그것은 히틀러의 성과였고, 경제기적처럼 히틀러 이전에는 아무도 시도하지 않은 그의 업적이었다. 모든 사람의 기대에 반하여 그가 그런 성과를 이룬 것이 놀라움과 경탄을 불러일으켰고, 일부 극소수 사람들에게는 아마 어느 정도 두려움을 일으켰겠지만(이렇게 엄청난 무기로 대체 무슨 일을 할 생각이지?) 대부분의 사람들에게는 보상감과 민족주의적 자부심을 일깨웠다. 경제적인 면과 군사적인 면에서 히틀러는 기적을 행하는 사람임을 증명해 보였으니, 편견에 사로잡힌 독선이 아니고서야 그런 사람에게 감사와 복종을 거부할 수 없었다.

히틀러의 군비확장 정책에서 두 가지 양상은 여기서 간략하게 훑어볼 수 있고, 세 번째 양상은 좀 더 구체적인 언급이 필요하다.

1. 히틀러의 경제기적과 군사기적이 근본적으로는 동일한 것이라는 주장이 자주 제기되었다. 일자리 창출이 완전히 또는 본질적으로 군비확장을 통해 이루어졌다는 것이다. 그렇지 않다. 일반 병역의무는 물론 수십만 명의 예비 실업자를 길거리에서 사라지게 했고, 장

갑차와 대포와 비행기를 대량생산함으로써 다시 수십만 명의 금속 노동자들에게 임금과 빵을 공급해준 것이 사실이다. 하지만 총리가 된 히틀러 앞에 숙제로 놓여 있던 600만 명의 실업자 중에 훨씬 더 많은 사람들이 아주 정상적인 민간 기업체에서 일자리를 얻었다. 평생 동안 수많은 뻥 섞인 헛소리를 지껄여댄 괴링*은 당시에도 오해를 불러일으킬 만한 표어를 유통시켰다. "버터 대신 대포를." 실제로는 제3제국은 대포와 함께 버터를 생산했고, 그 밖에도 다른 많은 것들을 생산했다.

2. 군비확장은 중요한 외교적 측면을 지녔다. 그것은 베르사유 평화조약에서 결정적인 내용의 효력을 정지시키는 것을 의미했다. 그러니까 프랑스와 영국에 대한 정치적 승리이며, 유럽의 권력 상황을 과격하게 변화시키는 일이기도 했다. 하지만 이에 대해서는 맥락을 달리하여 「성공」 장에서 다룰 예정이다. 여기서는 히틀러의 성과를 이야기하고 있는 만큼 그 업적과 성과만을 다루기로 하자.

3. 이런 성과에는 전적으로 개인적인 히틀러의 기여가 감추어져 있는데, 그에 대해 잠깐 관찰할 필요가 있다. 앞에서 군비확장의 막강한 세부 작업이 히틀러 소관이 아니라 전쟁부 장관과 장군들의 일이라고 말한 바 있다. 거기에는 예외가 있다. 뒷날 전쟁 과정에서 특별

● 헤르만 괴링(Hermann Göring, 1893~1946): 히틀러 측근의 한 사람. 국회의장, 정무장관, 공군 사령관 등을 지냈다.

히 중요한 것으로 밝혀지는 특정한 세부 문제에서 히틀러가 손수 개입하여 새로운 국방군의 조직과, 그로써 미래의 작전 방식을 결정했다. 그는 압도적으로 많은 군사 전문가의 반대를 무릅쓰고 독자적으로 작전을 펼치는 통합된 전차연대 및 전차사단과 군단을 만들기로 결정했다. 1938년에는 오직 독일 군대만이 확보하고 있던 이 새로운 종류의 육군 조직은 전쟁 초기 2년 동안 전선에서 결정적인 무기가 되었고 나중에는 다른 나라 군대들도 모두 독일을 모방하여 전차부대를 갖추었다.

전차군단 창설은 히틀러의 개인적인 공로이고 군사 분야에서 그의 가장 큰 업적이다. 논란의 여지가 있는 전쟁 사령관 노릇보다 훨씬 더 큰 성과였다. 히틀러가 없었다면 독립적인 전차부대가 지닌 여러 가능성들을 알고 있던 구데리안Heinz W. Guderian 등 소수의 장군들은, 풀러J. F. C Fuller나 드골Charles De Gaulle 같은 전차부대 옹호론자들이 전통론자들의 반대에 부딪쳐 좌절했던 영국이나 프랑스처럼 독일에서도 보수적인 다수의 장군들에 맞서서 전차군단을 만들 수가 없었을 것이다. 일반 대중은 별 관심도 없는, 군대 내부의 이런 논쟁에서 이미 1939~1941년의 전선, 특히 1940년 프랑스 전선의 운명이 결정되었다. 여기서 히틀러가 올바른 결정을 내렸다는 것은 그 자신이 언제나 효과적으로 전면에 내세우곤 하던 다른 업적들과는 달리 감추어져 있던 일로서 처음에는 인기를 얻을 일도 아니었다. 오히려 그로 인해 보수적인 군대에서 그의 인기는 극단적으로 떨어졌다. 하지만 그것은 나중에, 특히 1940년 프랑스에 대한 군사적 승리에서 그 진가를 드러냈다. 이 승리는 독일 내부에 마지막으로 남은 가장 단호한 적들까지 헷갈리게 했다.

1938년에 이르자 히틀러는 1933년에 자기에게 반대표를 던졌던 수많은 사람들 중 대다수를 자기편으로 만드는 데 성공하는데, 그것이 아마도 모든 것 중에서 가장 큰 업적으로 꼽힐 만할 것이다. 그것은 오늘날 아직 살아 있는 사람들에게는 부끄러운 일이고, 젊은이들에게는 이해할 수 없는 일이다. 오늘날 나이 든 사람들은 "우리가 어떻게 그럴 수가 있었지?", 그리고 젊은 사람들은 "당신들은 어떻게 그럴 수가 있었지?" 하는 말을 쉽사리 입에 올린다. 하지만 당시 히틀러의 업적과 성공들 사이에 감춰진 미래의 재앙의 뿌리를 알아보기 위해서는 아주 특별히 날카롭고도 깊은 눈길이 필요했다. 그리고 이런 업적과 성공의 효과에서 벗어나기 위해서는 비범하게 강인한 성격이 요구되었다. 히틀러가 고함치며 게거품을 무는 연설은 오늘날 다시 들어보면 역겨움이나 웃음발작을 일으키지만, 당시에는 듣는 사람의 내면에서 반론을 거부하는 분명한 사실을 배경으로 하고 있었다. 연설이 효과적인 것은 고함치고 게거품을 무는 특징 때문이 아니라 바로 배경을 이루는 사실 때문이었다. 다음은 1939년 4월 28일자 히틀러의 연설 일부이다.

나는 독일에서 혼돈을 극복하고 질서를 회복했으며, 우리 국민경제의 모든 분야에서 생산성을 엄청나게 높였다. (……) 우리 모두의 마음에 걸리던 700만 명의 실업자가 다시금 쓸모 있는 산업 현장에서 쉬지 않고 일하도록 만들었다. (……) 도이치 민족을 정치적으로 통합시켰을 뿐만 아니라 군사적으로 군비를 갖추었고, 448개의 조항에다가 일찍이 민족과 인간에게 요구한 가장 비열한 내용을 담은 〔베르사유〕 조약을 한 장씩 없애버리려고 노력했다. 1919년에 우리가 빼앗긴 주들을 되찾았고, 우리에게서 떨어져나가 불행해진 수백만 명의 독일인들을 다시 고향으로 데려왔으며, 1천 년이나 된 독일 생존공간의 역사적 통합을 회복했다. 그리고 이 모든 것을 피를 흘리지 않고, 내 민족이나 다른 민족이나 그로 인해 전쟁의 고통을 맛보지 않고 이루려고 노력했다. 21년 전에는 전혀 알려지지 않은 노동자이며 민족의 병사에 불과했던 내가, 이 모든 것을 내 자신의 힘으로 이룩한 것이다.

역겨운 자화자찬이다. 우스꽝스런 말투("우리 모두의 마음에 걸리던 700만 명의 실업자")다. 하지만 빌어먹을! 모두가 맞는 말이다. 적어도 거의 모두 맞는 말이다. 정확히 맞지 않는 몇 가지에 괄호를 치는 (혼돈을 극복하다니 헌법도 없는데? 질서를 회복하다니 집단 수용소로 말인가?) 사람은, 작은 흠집을 찾아내 자기가 옳다고 우기는 사람처럼 느껴질 정도이다. 나머지는—1939년 4월에 그에 맞서 무슨 말을 할 수 있었겠는가? 경제는 정말로 다시 살아나고, 실업자는 정말로 일자리를 구했으며(700만이 아니라 600만 명이었지만, 그렇다 치고), 군비확장은 현실이었고, 베르사유 조약은 정말로 죽은 문서가 되었으며(1933년에 누가 그런 일이 가능하다고 생각했으랴!), 자를란트와 메멜 지역이 정말로 다시 제국에 속하게 되었고, 마찬가지로 오스트리아와 주데텐 지역 독일인들도 제국에 속하게 되었고, 그들은 정말로 그것을 기뻐했으니―1939년에는 그들의 기쁨의 함성이 아직도 귀에 쟁쟁히 들리고 있었다. 그런데도 기적처럼 전쟁이 없었고, 히틀러가 21년 전에 정말로 무명이었다는 것은 아무도 반박할 수 없는 일이었다(물론 노동자는 아니었지만, 그야 그렇다 치고). 그가 그 모든 것을 자기 힘으로 이루었던가? 물론 그는 보조자와 도움을 주는 사람들을 곁에 두었지만, 그가 없었어도 이 모든 일이 가능했다고 정색하며 주장할 수 있을까? 그러니까 히틀러가 이룩한 모든 일을 거부하지 않고 히틀러를 거부할 수 있는가? 이런 업적들에 비하면 그의 불쾌한 모습들과 나쁜 행동들은 그저 사소한 결함에 지나지 않아 보였다.

옛날 히틀러의 반대자들, 교육을 많이 받고 교양도 풍부한 부르주아들, 그리고 독실한 그리스도교도나 마르크스주의자들까지도 30년대 중반과 후반에 부인할 수 없는 히틀러의 업적과 중단되지 않는 기적의 행위들을 보면서 "혹시 나 자신의 척도가 잘못된 것이 아닐까?" 하고 자문했으며, 자문하지 않을 수 없었다. "내가 배운 것, 내가 믿었던 것이 모두 틀린 게 아닐까? 여기 내 눈앞에서 일어난 일을 통해 내가 부정된 것이 아닐까? 세계가 그러니까 경제적 세계나 정치적 세계, 도덕적 세계가 내가 늘 믿어온 대로라면, 이런 남자는 일찍감치 우스꽝스런 방식으로 침몰해야 하는데, 지금 저 자리까지 이를 수가 없을 텐데! 하지만 그는 완전 무에서 일어나 20년도 안 되어 세계의 중심인물이 되었다. 그리고 모든 것에서 성공했다. 언뜻 보기에 불가능한 모든 것에서! 이것은 아무것도 증명하지 못하는가? 이것은 나의 개념들을 전면적으로, 미적인 개념과 도덕적 개념까지 모조리 수정하도록 강요하는 게 아닌가? 내 기대와 예측이 잘못되었다고 고백해야 하지 않겠는가? 비판을 자제하고, 극히 조심스럽게 판단해야 하지 않겠는가?"

이런 자기 의심은 전적으로 이해되고, 심지어 공감도 된다. 하지만 거기서부터 마지못해서나마 "하일 히틀러(히틀러 만세)!"로 넘어가는 첫걸음까지는 그리 멀지 않다.

그렇게 히틀러의 업적을 보고 그에게로 마음을 돌린 사람들, 또는 절반 정도 돌린 사람들은 대체로 민족사회주의 당원들이 아니었다. 하지만 그들은 히틀러 추종자이며 총통 신자들이 되었다. 총통 신앙의 절정기에는 독일 국민의 90퍼센트 이상이 이런 총통 신자들이었다.

실로 엄청난 성과였다. 거의 민족 전체를 자신의 지지자로 만들었는데, 그것도 10년밖에 걸리지 않았다. 더욱이 선전술 때문이 아니라 본질적으로 업적을 통해서였다. 히틀러가 1920년대에 선전술이나 최면 능력이 있는 웅변술, 또는 대중 연출가로서 화려한 기술만을 이용하는 동안에는 채 5퍼센트도 안 되는 지지자를 얻었으며, 1928년 국회의원 선거에서도 2.5퍼센트의 표를 얻었을 뿐이다. 1930~1933년의 경제적 곤궁이 40퍼센트를 보태주었다. 다른 정권과 정당들이 이런 경제적 곤궁에 맞서는 데 완전히 실패했기 때문이다. 하지만 히틀러는 1933년 정권을 잡은 이후에 나머지 결정적인 50퍼센트의 지지자들을 주로 업적을 통해서 얻었다. 1938년에 아직도 히틀러에 대해 비판적인 발언을 할 수 있는 모임에서 누군가가 비판적 발언을 하면 마지못해 나오는 절반의 수긍 끝에("유대인을 다루는 방식은 내 마음에도 안 들어.") 결국은 이내 이런 답변을 들었다. "하지만 이 사람이 이룬 그 모든 업적을 보라구!" 그러니까 이 대답은 예를 들어 "그가 얼마나 사람 홀리게 연설을 잘하는데!"라는 게 아니었다. 또는 "지난번 전당대회에서는 얼마나 멋졌는데!"도 아니고, "그가 얼마나 성공을 했나!"도 아니었다. 바로 "그 사람이 얼마나 많은 업적을 쌓았는가!"였다. 1938년에, 또는 1939년 초에 이런 말에 대체 뭐라 답할 수 있었겠는가?

새로 히틀러의 추종자가 된 사람들이 줄곧 입에 올리곤 하던 말이 하나 더 있다. "총통이 그걸 알기만 했다면!"이라는 말이었다. 이것은 총통신앙과 나치당 신봉이 전혀 다른 문제였다는 뜻이다. 나치당이 벌이는 일이 마음에 안 들어도 —여전히 아주 많은 것을 못마땅하게 여기는 사람들이 많았기에— 그들은 본능적으로 히틀러에게서 그런 부담을 덜어주려고 했다. 객관적으로 따져보면 물론 부당한 태도다. 히틀러는 자기가 통치하는 정권의 건설적인 조치에 책임이 있듯이, 파괴적인 조치에도 똑같이 책임이 있었다. 뒤에 다시 다루겠지만, 어떤 의미에서는 법치국가와 헌법 구조의 파괴도 히틀러의 '업적'이라 불러야 한다. 즉 파괴의 업적으로, 거기에는 경제와 군사 영역에서의 긍정적 업적과 똑같이 많은 힘이 감추어져 있었다. 사회적 영역에서의 그의 업적은 이런 파괴의 업적과 긍정적 업적 사이 어딘가에 놓이게 된다. 사회적 영역에서는 파괴적인 것과 건설적인 것이 팽팽히 균형을 이루었다.

히틀러는 12년 통치 기간 동안 엄청난 사회적 변화를 만들어냈다. 하지만 여기서 조심스럽게 구분을 해야 한다.

세 가지 거대한 사회적 변화가 황제시대 말기에 시작되어 바이마르 공화국과 히틀러 치하에서 계속되고, 이어서 분단된 양쪽 독일에서도 부단히 진행되었다. 첫째는 사회의 민주화와 평등화로서, 즉 신분이 해체되고 계급이 느슨해지는 과정이었다. 둘째는 성도덕이 뒤집히는 것, 그러니까 그리스도교의 금욕과 부르주아적 정숙함이 점점더 가치를 잃고 거부되는 과정이었다. 셋째는 여성해방으로서, 법질서와 노동계에서 성차별이 차츰 사라지는 과정이었다. 이 세 가지 영역에서 긍정적이든 부정적이든 히틀러의 업적은 상대적으로 적다. 다만 그가 이런 세 가지 발전을 멈추게 했다거나 되돌렸다는 널리 퍼진 생각이 오류라는 점을 지적해야겠다.

이는 나치당이 분명하게 거부감을 표현한 여성해방의 영역에서
가장 잘 드러난다. 사실 여성해방은 특히 히틀러 정권의 후반 6년, 즉
전쟁을 치르던 기간 동안 엄청난 도약을 경험했는데, 그것도 당과 국
가의 전폭적인 승인과 강력한 후원 덕분이었다. 역사상 2차 세계대전
기간만큼 여성이 남성의 직업과 남성의 기능 분야에 그렇게 많이 진
출한 적이 없었다. 그리고 이것은 돌이킬 수 없는 대세가 되었다. 설
사 히틀러가 2차 대전 이후에 계속 정권을 잡았다고 해도 되돌리지 못
했을 것이다.

성도덕 영역에서 나치당의 말과 태도는 서로 모순되었다. 그들은
전통적인 기율과 도덕성을 찬양했지만 성직자 방식의 위선이나 소시
민적인 편협함에 대해서도 열렬히 반대했고, '건강한 감각성'을 전혀
비난하지 않았다. 특히 결혼 여부를 떠나 유전적으로 건강한 후손을
얻기 위한 일이라면 더욱 그랬다. 20년대에 시작된 육체와 성을 숭배
하는 행진은 30년대와 40년대에도 전혀 브레이크가 걸리지 않은 채
계속되었다.

진보적으로 신분의 특권 없애기와 계급의 차별을 철폐하는 것에
관해 나치당원들은 완전히 공식적으로 찬성했다.(이탈리아의 파시스트
와는 반대되는 태도였다. 이탈리아 파시스트는 '결사대 국가', 곧 신분 국가
의 복원을 깃발에 새겨 넣고 있었다. 이런 차이는 히틀러의 나치즘과 무솔리
니의 파시즘을 한 패거리로 묶을 수 없게 하는 여러 이유들 중의 하나이다.)
다만 용어만은 달랐다. 예전에는 '계급 없는 사회'라고 불리던 것이

나치당원들의 입에서는 '민족공동체'라는 이름으로 불렸다. 실제로는 같은 내용이었다. 히틀러 치하에서 이전 바이마르 공화국 시대보다 오히려 더욱 대거로 사회적 상승과 하강, 계급의 뒤섞임과 계급의 해체가 이루어졌음을 부정할 수 없다. 그러면서 '쓸모 있는 사람이 될 길을 활짝 열어' 주었다. 물론 이 과정에서 모든 것이 보기 좋았던 것은 아니다. 하지만 진보적 평등이라는 의미에서 '진보적인 점'은 분명히 있었다. 이런 흐름은 장교 집단에서 가장 분명하게 드러났다. 여기에는 히틀러의 직접적인 지원도 있었다. 바이마르 공화국 시절 10만 명의 군대에서 장교는 거의 귀족계급이 독차지하다시피 했다. 바이마르 공화국에서 넘어온 히틀러의 첫 원수들은 거의 모두가 성姓 앞에 귀족을 나타내는 '폰'von을 붙이고 있었으나, 뒷날에는 그런 이름을 가진 사람이 거의 없었다.

이런 것은 모두 부차적인 얘기들이지만, 완벽함을 기하기 위해 언급하는 것이다. 이 중에는 히틀러 이전에 이미 시작되어 히틀러 이후에도 계속 발전한 것이 있고, 히틀러가 긍정적이든 부정적이든 거의 아무런 변화를 주지 못한 경우도 있다. 하지만 히틀러의 개인적 작품이었던 거대한 사회적 변화가 있다. 흥미롭게도 이것은 뒷날 연방 공화국〔서독〕에서는 철회되고, 민주공화국〔동독〕에서는 계속 발전하였다. 히틀러는 이것을 '인간의 사회화'라고 불렀다. 그는 라우슈닝 Hermann Rauschning에게 이렇게 말한 적이 있었다. "어째서 우리는 은행과 공장의 사회화 따위가 필요한가. 만일 사람들을 확고하게 하나의 규율 안에 집어넣고 거기서 나올 수 없게 한다면, 〔은행과 공장의〕 사회화라는 게 대체 무슨 소용인가. …… 우리는 사람을 사회화한다." 이것은 히틀러 민족사회주의〔나치즘〕의 사회주의적 측면이다. 그에 대해 이야기해보자.

마르크스처럼 생산수단의 사회화만을 사회주의에서 결정적인 혹은 유일한 표지라고 생각하는 사람은 나치당의 이런 측면이 사회주의라는 것을 부인할 것이다. 히틀러는 생산수단을 사회화하지 않았고, 따라서 그는 사회주의자가 아니었다. 마르크스주의자에게는 이 말이면 모든 것이 끝이다. 하지만 조심하라. 그렇게 단순하지가 않다. 흥미롭게도 오늘날 사회주의 국가들도 생산수단의 사회화로만 끝내지 않고, 그에 덧붙여서 '인간을 사회화'하는 일에 상당히 노력을 기울인다. 곧 요람에서 무덤까지 사람들을 집단으로 조직하고 집단적 또는 '사회주의적' 삶을 살도록 강요하며 그들을 '확고하게 하나의 규율 안에 집어넣기' 위해 무척 애를 쓴다. 마르크스와 달리 그것이 사회주의의 더욱 중요한 측면이 아닌지 심각한 의문이 드는 부분이다.

사람들은 사회주의와 자본주의를 서로 대립하는 범주로 갈라서 생각하는 데 익숙하다. 하지만 사회주의의 반대를 자본주의가 아닌 개인주의로 보는 것이 더 맞다. 아니면 적어도 더욱 중요하다. 산업화 시대에 사회주의는 일종의 자본주의를 완전히 피할 수가 없기 때문이다. 사회주의 국가도 자본을 축적하고 새롭게 하고 확장해야 한다. 자본주의든 사회주의든 관리자나 엔지니어의 노동방식과 사고방식은 완전히 동일하다. 사회주의 국가에서도 공장노동은 피할 길이 없이 소외된 노동이다. 작업하는 기계와 컨베이어벨트가 민간기업 소유냐 국영기업 소유냐에 따라 노동자의 노동의 성격이 달라지지는 않는다. 하지만 노동이 끝난 다음 자기 멋대로 해도 되느냐 아니면 공장 문 밖에 집단 또는 '공동체'가 기다리느냐는 매우 다른 문제이다. 인간이 노동에서 소외되는 것보다도 더욱 중요한 것이―이 점에서는 산업경제에서는 아마 어떤 체제에서도 결정적인 점이 바뀌기는 어려운 것 같다―인간이 다른 인간에게서 소외된다는 것이다. 다른 말로 하자면 이렇다. 사회주의의 목적이 인간의 소외를 없애는 것이라면 인간의 사회화가 생산수단의 사회화보다 이런 목적을 훨씬 더 크게 달성한다. 생산수단의 사회화는 부당함을 제거하는 정도이다. 그것도 지난 30년 또는 60년의 세월 동안 입증된 바로는 효율성을 대가로 지불하고 얻는 이점이다. 하지만 인간의 사회화는 실제로 소외를, 그러니까 대도시에서의 소외를 제거하는데, 이 경우 개인의 자유를 대가로 지불해야 한다. 자유와 소외란 동전의 양면이고 공동체와 기율도 마찬가지다.

조금 더 구체적으로 말해보자. 제3제국에서 종족적으로나 정치적으로 배제되지 않고 박해도 받지 않은 절대 다수 사람들의 삶이 히틀러 이전의 독일 사람들, 또는 뒷날 연방공화국〔서독〕에서의 삶과 어떤 점이 다른가? 하지만 민주공화국〔동독〕에서의 삶과는 어느 정도 비슷한가? 이는 가족 이외의 공동체나 집단생활을 보여주는데, 이런 집단

생활의 구성원이 된다는 것은 대부분의 사람들에게 공적인 강제가 있든 없든 임의의 가입은 아니다. 오늘날 동독에서의 '어린이 선구자'처럼 히틀러 시대 어린 학생은 '어린이 민족'Jungvolk에 소속되고, 청소년은 오늘날 동독에서는 '자유 독일 청소년'에, 옛날에는 '히틀러 청소년'에 속하고, 어른이 되면 동독에서는 스포츠나 기술 집단에, 옛날에는 돌격대나 친위대에서 방어 스포츠를 했다. 여성은 '독일 여성협회'(동독에서는 '여성동맹')에서 활동하고, 어느 정도 출세를 했거나 출세를 원하는 사람은 옛날 제3제국이나 오늘날 동독에서나 모두 당원이 되어야 한다. 나치와 연관된 수많은 사회적 직업, 취미, 스포츠, 교육, 여가 활동 모임들("기쁨을 통한 힘!" 또는 "노동의 아름다움!")은 빼고도 그렇다는 말이다. 물론 사람들이 부른 노래와 연설들은 〔옛날〕제3제국과 오늘날 동독이 같지가 않다. 하지만 트래킹, 행진, 캠핑, 노래, 축제, 조립, 체조, 사격 같은 활동은 그리 다르지 않다. 또한 이런 모임에서 흔히 맛보는 편안함, 동지애, 행복감 등도 그다지 다르지 않다. 사람들이 이런 행복을 느끼도록 강요했다는 점에서 히틀러는 의심의 여지없이 사회주의자였으며, 그것도 매우 성공적인 사회주의자였다.

그것이 과연 행복이었던가? 아니면 행복감을 느끼도록 강요받는 것이 불행으로 느껴지진 않았던가? 오늘날 동독 사람들은 강요된 행복에서 도망치려고 하는 경우가 많다. 하지만 그들이 연방공화국으로 오면 홀로 남겨졌다고 불평하곤 한다. 이렇게 홀로 남겨진다는 것은

히틀러에 붙이는 주석

개인적 자유의 어두운 면이다. 제3제국에서도 사정이 그와 비슷했을 것이다. 사회화된 인간이 더 행복한가, 아니면 개인적으로 사는 사람이 더 행복한가라는 질문에 대한 결정은 피하기로 하자.

독자들은 히틀러의 성과를 다루는 이 장에서 (어쩌면 의외라는 느낌으로) 가치판단이 매우 소극적인 것을 알아차렸을 것이다. 이 장의 성격이 그렇다. 성과란 그 자체로는 도덕적으로 중립이다. 좋거나 나쁠 뿐, 선하거나 악한 것이 아니다. 히틀러는 악한 일을 많이 했고, 우리는 다음의 장들에서 도덕적으로 그를 비난할 기회가 많다. 하지만 잘못된 이유로 그를 비난해서는 안 된다. 그것은 당시에 심각한 결과를 불러왔고, 오늘날에도 자주 범하는 잘못이다. "악마를 초라한 존재로 만들지 말라!" 쩨쩨하고 우스꽝스런 면을 가진 히틀러를 얕잡아 보고 싶은 유혹은 늘 강하게 마련이다. 그가 실패했기 때문에 오늘날 그런 유혹은 정당한 것이 되었다. 하지만 너무 빨리 그런 유혹에 넘어가서는 안 된다.

물론 우리는 그를 '위대한 사람'이라고 부르기를 당연히 망설인다. "단순히 강력한 파괴자들은 결코 위대하지 않다."라고 야코프 부르크하르트는 말했다. 그리고 히틀러는 이런 강력한 파괴자로 드러났다. 하지만 파괴뿐만 아니라 성과라는 대포에서도 그는 가장 구경口徑이 큰 대포알임을 입증했다. 특별히 성과를 이루는 비상한 능력이 없었다면 그가 불러온 파국도 덜 위압적이었을 것이다. 하지만 심연으로 가는 그의 길이 높은 봉우리를 넘어서 간 것임을 잊어서는 안 될 것이다.

요아힘 페스트는 『히틀러 평전』 서문에서 흥미로운 사유의 실험을 내놓았다. 그는 이렇게 썼다.

> 히틀러가 1938년 말 암살의 제물로 쓰러졌더라면 가장 위대한 독일 정치가들 중 한 명, 또는 독일 역사의 완성자였다고 부르기를 망설이는 사람은 거의 없었을 것이다. 공격적인 연설과 『나의 투쟁』, 반유대주의, 세계지배 계획 등은 어쩌면 초기의 공상으로 여겨져 잊혔을 것이다. …… 6년 반의 시간이 히틀러에게서 이 명성을 떼어놓았다.

페스트가 자기 책의 다른 구절에서 쓴 바로는 "기묘하게 잘못된 생각과 거듭된 행동의 실수, 범죄, 전쟁들, 파괴의 망상과 죽음 등이 들어 있는 6년"이었다.

물론 여기서 페스트는 히틀러의 잘못된 생각, 잘못된 행동, 범죄들이 마지막 6년 동안에 비로소 시작되었다는 뜻으로 말한 것은 아닐 것이다. 페스트야말로 이런 잘못된 생각들이 히틀러의 초기 시절에 얼마나 깊이 뿌리 박은 것인지를 탁월하게 밝혀낸 사람이다. 다른 한편 이런 잘못된 생각들이 통치 후반부에 비로소 완전히 작동했거나 펼쳐졌고, 전반부에는 히틀러 자신만이 준비라고 생각한 뜻밖의 업적들과 성공들에 완전히 덮여 있었다고 페스트가 말한 것은 전적으로 옳다. 또한 1938년 가을에서 1939년으로 넘어가는 겨울이 히틀러 경력에서 정점을 이루는 시기였다는 말도 옳다. 그때까지는 계속 위로 올라가는 길이었고, 그 뒤로는 하강과 몰락이 기다리고 있었다. 또는 그 자신이 스스로의 하강과 몰락을 준비하였다. 그가 1938년 말에 암살의 제물, 또는 사고나 심장발작의 제물이 되어 쓰러졌다면 독일 사람 대부분은 분명히 자기들의 역사에서 가장 위대한 한 사람을 잃었다고 믿었을 것이다. 하지만 그들의 생각은 옳은 것일까? 그리고 오늘날 우리도 1938년에 죽은 히틀러를 돌아보며 여전히 그렇게 생각하고 있을까?

아니라고 생각한다. 두 가지 이유에서다.

첫째로 히틀러는 1938년 가을에 이미 자신이 이전에 이룩한 성과를 모두 걸고 전쟁을 하기로 결심했다. 1938년 9월에 이미 히틀러는 전쟁을 원했고, 1945년 2월 보어만에게 구술한 기록에 의하면 1938년에 전쟁을 시작하지 못한 것을 유감스럽게 생각했다. "군사적인 관점에서 보면 전쟁을 1년 더 일찍 시작했어야겠지. ……하지만 영국과 프랑스 놈들이 뮌헨에서 내 요구를 모조리 받아들였으니 나도 어쩔 수가 없었어." 그리고 1938년 11월에 이미 그는 국내 언론사 주간들에게 행한 연설에서 지난 몇 년간 맺은 평화의 약속들이 모조리 속임수였음을 고백했다.

상황에 몰려 지난 몇 년 동안 거의 평화만 이야기할 수밖에 없었다. 평화의 의지와 의도를 지속적으로 강조해야만 도이치 민족에게 항상 다음 발걸음을 위한 전제로 반드시 필요한 무장을 갖출수가 있었으니까. 그렇게 여러 해 계속된 평화 선전은 분명 걱정스러운 측면이 있다. 그런 선전은 많은 사람들의 머리에 너무나 쉽사리, 현재의 정부가 어떤 일이 있어도 평화를 유지하겠다는 결심과 의지를 가졌다는 생각을 굳게 심어놓을 것이기 때문이다. 하지만 그런 생각은 현재 체제의 목표를 잘못 판단하는 것일뿐더러, 현 정부의 성공을 패배주의로 여기고 독일 국민에게 자기들의 성공을 없애버릴 정신을 가득 채워주는 결과를 빚을 것이다.

돌려서 표현하였으나 뜻은 분명하다. 암호를 해독해보면 그는 여러 해 동안이나 자신의 평화 연설로 외국뿐 아니라 독일 국민까지 오도했다는 것이다. 그리고 독일 사람들이 그를 믿었다. 그들의 국경 수정 소원은 충족되었다. 그들은 1914년에는 열광에 사로잡혀 전쟁에 돌입했지만, 1939년에는 놀라고 풀 죽은 상태로 전쟁을 시작했다. 1933~1938년에 이루어진 히틀러의 성과들 중 적어도 절반은 전쟁 없이 이루어졌다는 점에서 사람들에게 큰 효과를 냈다. 자기들이 고작 전쟁 준비를 위해 봉사했다는 것을 알았다면 많은 사람이 아마 전혀 다르게 생각했을 것이다. 그리고 뒷날에라도 그 사실을 알았더라면 (역사 연구 결과 분명히 밝혀졌을 것이기에) 그래도 여전히 히틀러가 위대한 사람으로 보였겠는가?

하지만 페스트의 사유 실험을 다른 방향에서 계속해보는 것도 유용하다. 1938년 가을에 히틀러의 갑작스러운 죽음을 전해 들었다면 대부분의 독일 사람들은 우선 가장 위대한 정치가 한 사람을 잃었다고 느꼈을 것이 분명하다. 하지만 이런 기분도 몇 주뿐이었을 것이다. 그런 다음 사람들은 모두 깜짝 놀라며 자기들이 제대로 기능하는 국가 체제를 갖추지 못했다는 사실을 깨달았을 테니까. 히틀러가 아주 조용히 1938년에 이미 국가체제를 파괴해버렸다는 것을 말이다.

그랬다면 일이 어떻게 진행되었을까? 히틀러는 1938년에 후계자가 없었고, 헌법에 따라 후계자를 뽑자니 헌법도 없고, 후계자를 세울 만큼 의심의 여지가 없는 정당성과 권한을 가진 기구도 없었다. 바이마르 헌법은 오래전에 효력을 잃었지만, 그렇다고 다른 헌법으로 대체되지도 않았다. 그러니 새로운 수장을 세울 수 있는 어떤 국가 기구도 없었다. 가능한 후계자 후보들은 저마다 국가 속의 국가를 만들려고 했을 것이다. 괴링은 공군, 히믈러는 친위대, 헤스Rudolf Hess는 당(이 기회를 빌려 당에 대해 말하자면, 그것은 저 돌격대와 마찬가지로 거의 완전히 기능을 잃은 상태였다.)을 내세웠겠지만, 그들 말고도 1938년 9월에도 최고 지휘관들이 쿠데타를 일으킬 준비가 되어 있던 군대가 있었다. 이 모두가 정치적인 혼란으로, 오로지 히틀러 개인에 의해 통합되고 가려져 있었기에 그가 사라지면 그 모든 혼란이 가차 없이 드러날 수밖에 없었다. 이 혼란은 히틀러가 만들어낸 것이었다. 말하자면 그것도 그의 업적인 셈이다. 더 큰 파괴에 묻혀버리는 바람에 오늘날까지도 거의 제대로 주목을 받지 못한 파괴의 업적이었다.

앞에서 히틀러의 삶을 관찰하면서 그가 정치 시간표를 자기 개인의 삶의 시간표에 맞췄다는 끔찍한 사실을 목격했다. 이제 우리는 전혀 다른 방향에서 비슷한 관찰을 하게 된다. 즉 그가 자기 개인에게 대체할 수 없는 절대 권한을 부여하기 위해 국가의 기능을 의도적으로, 그리고 처음부터 파괴했다는 사실이다. 국가의 작동 능력이 문서로 된 것과 문서로 되지 않은 것까지 그 자신의 컨디션에 달려 있게 된 것이다. 제3제국은 늦어도 1934년 가을부터는 성문헌법도 불문헌법도 없었고, 개인을 위해 국가권력을 제한해줄 기본법도 없었고, 꼭 필요한 최소한도의 헌법조차 없었으니, 곧 여러 국가기관들의 권한을 제한하고 그 활동을 의미 있게 서로 연결해줄 국가의 활동 질서도 없었다. 그와는 반대로 의도적으로 히틀러는 독자적인 권한을 지닌 극히 다양한 사람들이 무제한으로 서로 경쟁하고, 서로 침범하면서 나란히 함께, 또는 서로 대치하는 상태를 만들어내고는 스스로 그 모두의 꼭대기에 서 있었다. 그렇게 해서야 자기가 원하는 모든 방향으로 아무런 제약 없이 행동의 자유를 얻을 수 있었다. 그는 헌법에 따른 모든 질서는 최고 헌법기관의 권력도 제한한다는 올바른 느낌을 가졌기 때문이다. 입헌국가에서는 가장 권력이 있는 사람도 관할 영역에 부딪치게 마련이니, 모두에게 모든 것을 명령할 수는 없고, 적어도 자기 없이도 국가가 계속 굴러갈 수 있게 해야 한다. 하지만 히틀러는 이 입헌국가도 관할 영역도 바라지 않았고, 그래서 아무런 대체 수단도 없이 헌법을 없애버렸던 것이다. 그는 한 국가의 제일 하인이 아니라 총통이 되고 싶었다. 즉 절대 권력을 가진 주인이 되고 싶었다. 그리고 그는 절대적 지배권은 흠이 없는 국가체제에서는 가능하지 않고 오직 잘 통제된 혼돈 상태에서만 가능하다는 사실을 정확하게 인식했다. 그래서 처음부터 국가를 대신하여 혼돈을 만들어냈다. 그리고 그가 살아 있는 동안 이런 혼돈을 잘 통제했음을 인정하지 않을 수 없다. 하지만 성공의 절정인 1938년 가을에 죽었더라도 그가 이미 마련해둔 혼돈이 나타났을 것이다. 그로써 그의 사후의 명성은 상당히 줄어들었을 것이다.

그 밖에 히틀러가 국가 파괴를 지속하게 된 또 다른 이유가 있었다. 히틀러를 자세히 탐색해보면 결정을 꺼리는 특성, 더 제대로 표현하자면 최종 결정을 꺼리는 특성이 있다. 마치 그의 내면에서 무엇인가가 국가의 질서를 통해 자신의 의지를 제한하는 것뿐만 아니라, 확고한 목표 설정을 통해 자신의 의지에 제한을 가하는 것조차 피한 것처럼 보인다. 그가 넘겨받은 독일 제국이나 그가 확장하여 만든 1938년의 큰 독일 제국조차도 그가 확정하여 보존하려고 하는 그 무엇이 된 적이 없고, 언제나 전혀 다른 어떤 것, 훨씬 더 큰 제국, 어쩌면 독일 제국이 아닌 '큰 게르만' 제국을 위한 도약대에 지나지 않았는지 모른다. 그는 머릿속에서도 이 제국의 지리적 경계선을 설정하지 않았다. 계속 앞으로 전진하는 '방어선'은 볼가 강이나 우랄 산맥, 어쩌면 태평양과 접촉하게 될지도 몰랐다. 이미 여러 번 인용한 1939

년 4월 28일자 연설에서 자신이 '1천 년이나 된 독일 생존공간의 역사적 통합을 회복'했다고 자랑하면서도 진짜로 생각하는 것이 무엇인지는 밝히지 않았다. 그가 지향하던 '생존공간'이란 멀리 동쪽에 있었고, 그것은 역사적인 것이 아니라 미래의 것이었다. 어쩌면 그의 진짜 생각의 한 부분은 앞에서 인용한 1938년 11월 10일자 연설에서 슬쩍 드러났는지도 모른다. 여기서 그는 '항상 다음 발걸음'을 말하고 있는데, 도이치 민족은 그 발걸음을 위해 내면의 준비를 하고 있어야 한다고 보았다. 하지만 모든 발걸음이 계속 다음 발걸음을 위한 준비여야 한다면, 어디선가 멈춘다든가 이미 이룩한 것 또는 찾아낸 것을 계속 국가로 확정할 이유가 없다. 오히려 확정적인 것을 유동적인 것으로 바꾸어 계속 굴러가게 만들어야 한다. 모든 것을 잠정적인 것으로 여겨야 하고, 이런 잠정적인 것에서 당연히 자동으로 변화, 확대, 확장이 계속 나올 수밖에 없게 된다. 독일 제국이 온전히 정복 기구가 되기 위해서는 국가이기를 멈추어야 했던 것이다.

이런 관점에서 보면 비스마르크와 히틀러보다 더 큰 대립이 없다. 비스마르크는 이룩할 수 있는 것을 이룩한 다음에는 평화주의자가 되었다. 하지만 나폴레옹과 비교해도 많은 것을 볼 수가 있다. 나폴레옹은 히틀러처럼 정복자로는 실패했지만 프랑스 정치가로서의 성과에서 많은 것이 남았다. 그의 위대한 법전 작업, 교육제도 등이 보존되었다. 지방행정부서들과 지방장관을 지닌 엄격한 국가조직도 그가 만들어낸 그대로 오늘날까지 남아 있다. 그 뒤 국가 형식에 여러 변화들이 나타났지만 그것은 여전하다. 하지만 히틀러는 그 어떤 국가조직도 만들어내지 않았고, 10년 동안 독일 국민을 압도하고 전 세계가 숨을 멈추고 지켜보게 만든 성과들이 모조리 일과성으로 아무런 흔적 없이 사라졌다. 그런 성과들이 파국으로 끝났기 때문만이 아니라, 최종적인 것을 지향한 적이 없었기 때문에도 그렇다. 히틀러는 단순히 성과로만 치면 어쩌면 나폴레옹보다도 우위에 있을지도 모른다. 하지만 한 가지, 국가를 경영하는 정치가는 결코 되지 못했다.

성공

Anmerkungen
zu Hitler

히틀러의 성공 곡선은 그의 생애 곡선과 비슷한 수수께끼를 보여준다. 기억하겠지만 생애 처음 30년간의 전혀 활동 없음과 이름 없음, 그리고 이어지는 26년의 매우 광범하게 이뤄진 공적 활동 시기 사이에 두드러진 균열이 있었고, 그것은 설명을 요구하는 일이었다. 성공에서는 그런 틈이 두 번이나 보인다. 히틀러의 모든 성공은 1930년부터 1941년 사이 12년 동안에 일어났다. 그 이전, 이미 10년이나 계속된 정치 경력에 성공이란 없었다. 1923년의 쿠데타는 실패로 돌아갔고, 1925년에 새로 정비한 정당은 1929년까지 중요하지 않은 소수 정당이었다. 1941년 이후로도, 실은 1941년 가을부터는 성공이란 전혀 없었다. 군사적 시도는 모두 실패하고 패배를 거듭했으며, 동맹국들은 떨어져나가는데 적진인 연합군은 연합을 유지했다. 마지막은 이미 알려져 있다. 하지만 1930년부터 1941년까지 히틀러는 국내정치와 외교 분야에서 그리고 마지막으로는 군사적으로도 도모한 모든 것이 성공하여 그야말로 세상을 놀라게 하였다.

연대순으로 살펴보자. 1930년에 국회의원〔=하원〕 선거에서 득표수가 여덟 배가 되고, 1932년에는 다시 두 배가 되었다. 1933년에는 히틀러가 제국의 총리가 되고, 7월에는 모든 경쟁 정당들을 해체하였다. 1934년에는 제국 대통령이 되면서 국방군의 최고 통수권자가 되었다. 완벽한 권력이었다. 그 뒤로는 국내정치에서 이루지 못한 것이 없었다. 이어서 외교 분야의 성공들이 시작되었다. 1935년 베르사유 평화조약을 깨고 일반 병역의무를 시행하였으나 아무 일도 없었다. 1936년에는 로카르노 조약을 깨고 라인란트를 재무장한 뒤, 1938년 3월에 오스트리아를 합병했다. 여전히 아무 일도 없었다. 9월에는 주데텐 지역을 합병하였는데 심지어 프랑스와 영국의 공식 승인까지 받았다. 1939년 3월에 보헤미아와 모라비아 지역에 대한 보호령, 메멜 점령. 이로써 외교 분야의 성공이 다했다. 이제부터 히틀러는 저항에 부딪힌다. 하지만 전쟁에서의 승리들. 1939년 9월에 폴란드 점령. 1940년에 덴마크·노르웨이·네덜란드·벨기에·룩셈부르크 점령, 이어서 프랑스 점령, 1941년에 유고슬라비아와 그리스 점령. 히틀러는 유럽 대륙을 지배하게 되었다.

한마디로 줄이자면 이렇다. 10년 동안의 실패, 이어서 12년 동안 내리 현기증을 일으키는 성공 행진. 그런 다음 4년 동안 실패, 그리고 마지막은 엄청난 파국. 그 중간에 두 번 날카로운 틈.

원한다면 찾아볼 수는 있지만, 역사에서 이와 비슷한 것을 발견

하기는 어렵다. 상승과 하강, 그렇다, 성공과 실패가 번갈아 나타난다. 순수한 실패, 순수한 성공, 그런 다음 다시 순수한 실패라는 세 단계를 이렇게 분명히 나눌 수 있는 경우는 없다. 동일한 사람이 오랫동안 겉보기에 희망이 없는 무능력자, 그런 다음엔 거의 그만큼의 기간 동안 겉보기에 천재적인 능력자, 이어서 다시 이번에는 겉보기가 아니라 진짜로 희망이 없는 무능력자. 이것은 설명을 요하는 일이다. 우리가 본능적으로 주변에서 살펴보는 가까운 경험의 예들로는 설명이 되지 않는다.

물론 모든 정치가가 한결같이 늘 좋을 수는 없다. 거의 모든 사람이 이따금 실수를 하고 나서는 가능한 한 만회하려 한다. 우리가 익히 아는 바이다. 그리고 많은 정치가들이 제각기 지닌 형식의 최고봉에 이르려면 어느 정도 수습 기간과 시동 기간이 필요하다는 것, 정상에서 얼마간 시간이 흐르면 지치고 느슨해지거나 아니면 거꾸로 지나치게 용감해져서 무리수를 둔다는 것도 안다. 하지만 이렇게 수긍할 만한 설명이 히틀러에게는 적용되지 않는다. 이런 방식으로는 오래 지속된 성공과 오래 지속된 실패 사이에 두 번이나 날카로운 단절이 나타나는 것을 설명할 수 없다. 히틀러의 성격 변화 또는 그의 능력이 커지거나 줄어들었다는 것으로도 설명되지 않는다. 히틀러는 언제나 그냥 똑같은 히틀러였다.

히틀러는 성공을 위해 애쓰던 시절 가졌던 특성들을 성공한 다음 잃어버리는 역사상 (드물지 않은) 인물들에 속하지 않는다. 그가 편안

해져서 채찍을 느슨하게 하거나 떨어뜨렸다는 건 말도 안 된다. 그의 에너지와 의지력은 공적인 활동의 첫날부터 마지막 날까지 똑같이 놀라운 것이었고, 그의 지배력은 총리관저의 벙커에서도 절대적인 것이었다. 마지막 순간 그의 통치 영역은 오로지 이 총리관저에만 한정되었지만 그 순간에도 여전히 절대적이었다. 에바 브라운의 제부弟夫로서 벙커에 거주하던 페겔라인Hermann Fegelein은 히틀러가 자살하기 이틀 전인 1945년 4월 28일에 벙커에서 도망치려고 했다. 그러자 히틀러가 그를 잡아오라고 명령하고 이어서 사살 명령을 내렸고, 페겔라인은 정말로 붙잡혀서 끌려와 사살되었다. 그런 명령이나 즉각적인 실행이 모두 특별하다. 전쟁의 마지막 4년 동안 성공한 게 없는 히틀러는 그 이전에 성공을 거듭하던 시절과 동일한 히틀러였다. 여러 가지 약을 복용하고 불면증에 시달리고 이따금 팔을 떨곤 했지만 의지와 실천력에서는 조금도 손상되지 않은 그대로의 히틀러였다. 전쟁 막바지의 히틀러를 그 자신의 그림자로 만들고 불쌍한 인간 난파선으로 묘사하는 서술은 모두 심하게 과장된 것이다. 그 이전 12년 동안의 성공이 있은 다음 1941~1945년 사이 파국에 이르는 히틀러의 실패는 신체적·정신적인 쇠퇴로는 설명되지 않는다.

이른바 그의 육체적 쇠퇴라는 주장과 한 호흡으로 자주 시도되곤 하는 일이지만, 이와는 반대로 성공에 익숙해진 사람이 과대망상에 사로잡혀 운명에 도전하려는 오만함을 드러냈다는 주장으로도 설명되지 않는다. 히틀러의 몰락을 불러오는, 러시아를 공격하기로 하는

히틀러에 붙이는 주석

결정은 성공에서 자양분을 얻은 오만함에서 갑자기 떠오른 발상이 아니었다. 이 공격 계획은 아주 오래 전부터 거듭 숙고하여 결정된 히틀러의 주요 목적이었다. 1926년에 『나의 투쟁』에 이미 기록되고, 그 이유도 설명되었다. 1941년의 또 다른 불운한 결정, 곧 미국에 선전포고를 한 것은 오만함보다는 오히려 절망의 순간에 나왔다.(이것에 대해서는 뒤의 「잘못된 생각」 장에서 더욱 상세히 다루기로 한다.) 히틀러가 실패 가운데서도 자신이 한번 세운 경로를 그대로 고수한 고집스런 태도는 과거 1925~1929년에 그의 정당이 온갖 노력에도 불구하고 '합법적인' 권력 장악을 향해 몇 년 동안 한 걸음도 나아가지 못했을 때 보여준 것과 똑같은 태도였다.

히틀러가 과대망상에 빠져 있었다면—어떤 의미에서 그렇게 말할 수가 있는데—원래 처음부터 그랬다. 일찌감치 실패한 무명의 인간이 정치가가 되겠다는 결심을 하는 것보다 더 큰 '과대망상'이 무엇이겠는가? 히틀러는 자기가 시작할 때의 대담함과 비교하면 뒷날의 모든 것은 어린애 장난이라고 말하곤 했는데 이 말은 맞는 말이다. 또한 정치가로서의 '수업시대'도, 그런 게 그에게 있다고 한다면, 극히 짧았다. 1923년의 쿠데타 실패가 그가 수업을 한 유일한 사건이었다. 다른 경우에서는 거의 섬뜩할 만큼 늘 완전히 똑같은 사람이었다. 그의 정책은 1925년부터 1945년까지 완전히 동일하였다. 20년 동안 두번이나 변한 것은 그런 정책을 가로막은 저항이 강하거나 약했기 때문이다.

이로써 우리는 뜻밖에도 히틀러의 성공 곡선의 비밀을 풀 열쇠를 손에 쥐게 된다. 이 열쇠는 히틀러 자신의 변화에 있는 것이 아니라 히틀러가 상대한 적들이 변한 것과 적들 자체가 바뀌었다는 점에 있다.

우리는 히틀러의 성과와 성공을 상당히 신중하게 구분하였다. 성과는 한 개인에 귀속된다. 성공의 경우는 언제나 양측이 있게 마련이고, 한쪽의 성공은 다른 쪽의 실패가 된다. 그러니까 동일한 강도를 갖고도 더 허약한 적을 만나면 성공하고, 더 강한 적을 만나면 실패하게 된다. 자명한 이치다. 하지만 이런 자명한 이치야말로 간과되기 일쑤다. 여기서 우리가 그 자명한 이치를 놓치지 않는다면 모든 것이 설명된다. 히틀러의 성공과 실패는, 우리가 눈길을 히틀러에게서 떼어내 그의 적들에게 돌리는 순간 금방 설명할 수 있게 된다.

히틀러는 단 한 번도 더 강하거나 질긴 적을 상대로 성공을 쟁취한 적이 없었다. 20년대 말의 바이마르 공화국과 1940년의 영국만 해도 그에게는 너무 강한 적이었다. 우선 그는 약한 자가 강자를 상대할 때 이용하는 교묘하고 풍부한 발상이나 기민함을 갖지 못했다. 1942~1945년의 연합군에 맞선 전쟁에서 연합군의 내부 갈등을 이용하여 그들을 갈라놓겠다는 생각 같은 건 전혀 없었다. 반대로 히틀러는 여러 가지로 부자연스러운 동서 연합군이 서로 단합하는 데 누구보다도 기여한 바가 많았고, 무모한 고집으로 모든 접합점이 터지려는 연합군이 서로 달라붙어 있도록 가능한 온갖 일을 다 했다.

그에 반해 성공은 모두 정말로 아무런 저항 능력이 없거나 의지가 없는 적들에 맞서서만 거둔 것이었다. 국내정치에서 그는 바이마르 공화국이 이미 속이 다 비어서 실질적으로 죽어가고 있을 때 죽음의 일격을 가했다. 국제적으로는 1919년의 유럽 평화조약이 이미 안에서부터 흔들려서 더 이상 지속될 수 없을 때 끝장을 냈다. 두 경우모두 이미 쓰러지고 있는 것을 쓰러뜨린 것에 지나지 않았다.

그리고 30년대에 히틀러는 20년대 및 40년대와는 달리 개인적으로 철저히 허약한 적들을 상대하게 되었다. 바이마르 공화국의 후예자리를 놓고 히틀러와 맞서던 독일의 보수주의자들은 전략도 없고, 히틀러에 맞서 저항할까 연합할까를 두고 속으로 흔들리면서 자기들끼리 싸우던 사람들이었다. 마찬가지로 30년대 후반의 영국과 프랑스정치가들이 저항과 동맹 사이에서 흔들리고 있을 때 히틀러는 외교적성공을 쟁취했다. 1930년의 독일, 1935년 유럽, 그리고 1940년의 프랑스의 상태를 좀 더 자세히 살펴보면 히틀러의 성공은 당시 사람들의 눈에 비친, 기적이라는 후광을 잃게 된다. 히틀러에게서 잠깐 벗어나는 것처럼 보이더라도 우리는 여기서 그것을 좀 더 자세히 살펴봐야 한다. 시대사에 대한 어느 정도의 지식 없이는 히틀러의 성공을 이해할 수 없기 때문이다.

바이마르 공화국은 1930년 9월 선거에서 히틀러가 최초의 대규모 성공을 거두기 전에 이미 종말에 이르러 있었다. 3월에 출발한 브뤼닝 정부는 이미 최초의 대통령제 내각으로서 비록 세부 사항을 철저히 계획하고 정의를 내린 것은 아니지만 전혀 다른 국가 및 헌법질서로 넘어가는 과정이었다. 그의 뒤를 이은 두 후계자 파펜Franz von Papen과 슐라이허Kurt von Schleicher와는 달리 브뤼닝은 아직 헌법에 맞는 적법성의 가장자리에 있었다. 그가 도입한 '긴급명령'은 적어도 의회의 '묵인'을 받았다. 하지만 브뤼닝도 이미 헌법이 규정하는 의회의 다수석을 확보하지 못한 상태였고, 의회 없이 통치하는 것을 가능케 해준 항구적 긴급사태라는 허구를 통해 그는 바이마르 헌법의 효력을 실질적으로 정지시켰다. 히틀러의 공격으로 바이마르 공화국이 붕괴되었다는 인식이 널리 퍼져 있는데, 이는 잘못이다. 히틀러가 정식으로 등장했을 때 공화국은 이미 무너지고 있는 상태였다. 그리고 1930~1934년에 벌어진 국내정치 투쟁은 실제로 공화국의 수호가 아니라, 그 후계 구도를 두고 벌어진 싸움이었다. 이미 포기된 공화국이 보수파의 부활, 최종적으로는 왕권 국가를 통해 해체될 것이냐, 아니면 히틀러를 통할 것이냐 하는 것만이 유일한 문제였다.

이 종말의 상황을 이해하려면 잠깐 바이마르 공화국의 역사를 살펴보아야 한다. 그것은 처음부터 불행한 역사였다.

공화국은 처음 성립될 때 사회민주당, 좌파 자유주의자들, 가톨릭중앙당 등 3개 중도좌파의 연합으로 구성되었다. 이들은 황제시대의 마지막에 의회의 다수석을 확보하고, 제국의 마지막 순간인 1918년 10월에는 의회주의를 관철시켰다.(더 정확하게는 자기들의 품에 떨어지는 의회주의를 덥석 받았다.) 1918년 11월 혁명 이후 이들 정당연합은 국민의회의 '바이마르 연합'을 구성하여 바이마르 헌법을 만들었다. 바이마르 헌법은 의회주의를 받아들인 제국의 헌법을 모방한 것에 지나지 않았다. 그들은 헌법을 만들고 통치를 시작했다. 하지만 이들 정당연합은 1년 뒤에 실시된 최초의 공화국 의회 선거에서 다수석을 얻지 못했고, 그 이후로도 다시는 다수당이 되지 못했다.

그 사이 1918년 11월에 강령에 위배된 좌파 혁명이 일어났다. 이 혁명은 바이마르 정당연합의 개념에는 전혀 맞지 않았기에 정당연합에 의해 타도되었다. 그래서 좌파는 공화국에 실망하고 지속적으로 반대하였으며, 끝내 바이마르 공화국을 거부하면서 화해하지 않았다. 하지만 이 혁명은 결코 되돌릴 수 없는 하나의 성과를 거두었으니, 바로 왕정을 제거한 것이었다. 바이마르 공화국의 중도좌파 정당연합은 혁명에 의해 만들어진 공화국을 자기들의 공화국으로 만들 수밖에 없게 되었다. 하지만 이로써 정당연합은 수가 더 많고 더욱 강력한 우익 반대파를 얻게 되었다. 우파는 바이마르 공화국을 가리켜 '11월 혁명의 국가'라고 부르면서 실망한 좌파 혁명가들과 마찬가지로 공화국을 거부하였다. 우파는 좌파 야당보다 더 위험했는데, 이들은 군대와 공직의 거의 모든 중요 보직을 차지하고 있었기 때문이다. 바이마르 공화국은 처음부터 헌법의 적들을 대거 공직에 둔 셈이었다. 1920년부터 우파와 좌파로 이루어진 공화국 반대파들은 함께 의회의 다수파를 이루었으며, 공화국은 출발하면서부터 1925년까지 마치 재난을 겪는

배처럼 여러 해 동안 이리저리 흔들렸다. 우파나 좌파의 쿠데타가 없이 지나간 해가 거의 없다시피 했다.(1923년 히틀러의 쿠데타는 수많은 쿠데타의 하나에 지나지 않았다.) 이 시기에 공화국이 오래갈 거라고 생각한 사람은 없었다.

그런 다음 짧은 기간 견고하게 보이는 것이 나타났다. 1925년부터 1929년까지의 기간을 가리키는 '황금의 20년대'가 나타난 것이다. 이 기간은 히틀러에게 전혀 성과가 없는 시기였다. 공화국에 반대하는 시끄러운 외침은 아무런 반향을 얻지 못했고 우스꽝스럽게 보일 정도였다. 무엇이 이런 변화를 가져왔는가? 무엇 때문에 '공화주의자가 없는 공화국'이 갑자기 생명력을 갖게 되었는가?

여러 가지 이유였다. 유능한 외무장관인 구스타프 슈트레제만 Gustav Stresemann이 1차 대전의 적대국들과 화해를 시작하면서 여러 완화 조치와 작은 결실들을 가져왔다. 미국이 제공한 차관이 소박한 경제 발전을 불러왔다. 하지만 무엇보다 중요한 것은 다음과 같은 사실이었다. 막강한 권한을 가진 우익 반대파가 자신들이 거부한 국가 안에 존재하면서 온갖 장관실과 관청에 확고히 뿌리를 박고서 이 국가에 대한 반대를 일시적·시험적으로 중단하고, 거드름을 피우며 나라를 통치했던 것이다. 공화주의의 적들이 몇 년 동안 '타협에 의한 공화주의자'가 되었다.

이런 절반쯤의 변심을 가능하게 하고 또 공화국을 견고하게 만든 결정적인 사건은 1925년 4월 힌덴부르크 대통령의 선출이었다. 많은 사람들이 이것을 공화국의 종말의 시작으로 보려고 했다. 아주 잘못된 생각이다. 힌덴부르크 선출은 공화국에는 행운의 사건이었고, 공화국은 유일한 기회를 얻었다. 1차 세계대전의 영웅이며 황제시대의 육군 사령관을 국가 원수로 삼으면서 그때까지 공화국을 거부해오던 우파에게는 갑자기 공화국이 수용할 수 있는 것이 되었다. 그러니까 화해 비슷한 길이 열린 것이다. 그리고 가톨릭중앙당, 우파 자유주의, 보수주의자들이 모인 이 중도우파 연정이 정부를 구성하는 한 (1925~1928) 공화국은 잘 버텼다. 이로써 국가를 떠받치는 정당 시스템이 처음으로 단 한 번 일시적으로 좌우파 스펙트럼 전체로 확장되었다. 공산주의와 나치주의자들 같은 과격파만 제외한다면 말이다. 이제 야당이 된 사회민주당과 좌파 자유주의 등으로 이루어진 세력의 국가에 대한 충성심은 확실했기 때문이다.

하지만 그런 견고함은 에피소드에 지나지 않았다. 1928년 우파 정권이 선거에서 패배하고, 1920년 이후 처음으로 사회민주주의자가 다시 총리가 되자 모든 것이 끝나고 말았다. 보수주의자들은 새로운 지도자 후겐베르크Alfred Hugenberg 아래 다시 반反공화파 노선을 취했고, 가톨릭중앙당마저 새로운 지도자 카스Ludwig Kaas의 인도를 받아 권위적 정부의 필요성을 떠들었다. 그리고 국방부에서는 정치적인 장군 폰 슐라이허가 국가 전복 계획을 세우기 시작했다. 1928년과 같은 선거 결과가 다시는 우파에게 일어나서는 안 된다. 정부는 저 비스마르크 시대에 그랬던 것처럼 영원히 우파 정부여야 하며 의회와 선거에서 독립되어야 한다. 의회의 지배는 사라지고 대통령제 내각이 등장해야 한다.

1930년 3월에는 실제로 그렇게 되었다. 슈트레제만이 1929년 10월에 죽고, 같은 달 미국의 증권시장 붕괴가 세계경제 위기를 불러오면서 곧바로 독일에 심각한 타격을 입혔다. 정부는 거기 대처하지 못하고 내각이 물러났다. 그리고 이번에 정부는 다른 내각제 정권으로 대체되지 않았다. 그 대신에 별로 알려지지 않은 우파 중앙당원인 브뤼닝(슐라이허가 내세운 후보)이 의회의 다수파를 얻지 못한 채 총리가 되었다. 그는 독재자와 비슷한 권력을 가졌으나 실은 의회에서 독립된, 보수적·권위적 정권으로 넘어가는 과정을 완성한다는 비밀 임무를 띠고 있었다. 브뤼닝은 한동안 긴급사태 조항에 따른 긴급명령들로 통치하다가 의회가 따르지 않자 의회를 해산하였다. 이어진 선거는 히틀러에게 기회였다. 1925~1929년의 흠이 없는 (또는 흠이 없어 보이는) 공화국에서 히틀러가 할 수 있는 일은 아무것도 없었다. 하지만 1930년의 국가 위기 상황에서 그의 정당은 단번에 강력한 제2 정당으로 도약했다.

히틀러가 문 앞에 와 있었다! 이제부터는 심지어 사회민주당조차도 브뤼닝의 의회 없는 긴급 정부를 둘 중 덜 나쁜 악이라고 참아주었고, 브뤼닝은 꼬박 2년 동안 절반쯤 합법적으로 계속 통치할 수 있었다. 하지만 어려움이 커지면서 히틀러의 인기도 점점 높아졌고, 브뤼닝으로서는 자신의 반半합법적인 통치 방식에서 슐라이허의 주문에 따른 새로운 권위적 국가로의 이행을 할 수가 없었다. 결국 그는 1932년 5월에 실각했다. 슐라이허가 내세운 후보로서 의회의 지지를 더 못 받는 폰 파펜이 총리가 되어 '남작들의 내각'을 결성하고 '완전히 새로운 종류의 국가 지도부'를 선포했다. 맨 먼저 그는 다시 의회를 해산했고, 그러자 즉각적으로 실시된 선거에서 히틀러 정당은 단번에 의석을 두 배로 늘리면서 가장 강력한 정당이 되었다. 이제부터는 오로지 파펜/슐라이허냐, 아니면 히틀러냐 하는 선택이 남았을 뿐이다. 의회 공화국에 대해 말하는 사람은 없었다. 의회 공화국은 이미 조용한 가운데 매장된 상태였다. 그 후계에 관한 싸움만 남아 있었다.

1932년 8월부터 1933년 1월까지 파펜/슐라이허 대 히틀러 사이에 벌어진 점점 격앙되는 음모 게임에서 처음부터 히틀러가 더 센 카드를 손에 쥐고 있는 것이 아주 분명해 보였다. 그는 혼자인데 상대는 둘이라는 단순한 이유만으로도 그랬다. 그리고 히틀러가 대중운동을 등에 업고 있었다면 파펜과 슐라이허에게는 기능 정지된 황제시대의 물러난 엘리트의 후원밖에 없었기 때문이다. 하지만 무엇보다도 히틀러는 자기가 원하는 바를 정확하게 알고 있었던 반면, 파펜과 슐라이허는 그렇지 못했고, 근본적으로 따지자면 알려야 알 수가 없었다. 그들의 권위국가를 유지시켜줄 유일한 방법이 있다면 여든다섯 살이나 된 힌덴부르크가 물러난 다음에는 왕정을 회복하는 방법뿐이었을 것이다. 하지만 그들은 그 사실을 정면으로 바라볼 용기가 없었다. 아주 분명하고 합당한 왕위 계승 후계자가 없었기 때문이다. 그래서 그들은 가능하지 않은 정세를 고집했다. 단호한 기수인 파펜은 모든 정당의 금지와 순수한 상류층 독재, 그러니까 귀족 독재를 꿈꾸었다. 바로 국방군의 총검 말고는 의지할 데가 없는 꿈이었다. 슐라이허는 그것이 국방군에게 지나친 부담이 된다는 것을 (현실적으로 생각하여) 알아채고는 다른 공상을 하였다. 나치들을 분열시키고, '온건한' 나치(히틀러가 없는), 노동조합, 청소년 단체, 국방군으로 이루어진 연정을 구성하여 파시스트 계급국가의 토대로 삼자는 생각이었다. 물론 둘 다처음부터 실패했다. 하지만 가장 큰 열매는 이런 의견 대립을 통해 그들이 서로 갈라섰다는 점이다. 슐라이허는 파펜을 밀어내고 자신이총리가 되었다. 그러자 파펜은 복수욕에 불타서 모든 것을 건 전면전을 각오하였다. 히틀러와 연합하여 슐라이허에게 맞서면서 힌덴부르크를 설득하여 슐라이허를 실각시키고 히틀러를 총리로 임명하게 만들었다. 그는 원래 히틀러를 아랫사람으로(어느 정도는 다시 '북 치는 사람'으로) 받아들일 셈이었지만, 이제는 스스로 총리인 히틀러의 아랫사람이 될 각오가 되었다. 그러면서도 자신의 측근인 보수적인 귀족장관들이 히틀러를 '포위'할 수 있으리라는 희망을 품었다.

그것으로 끝이었다. 히틀러가 어떻게 다음 몇 달 동안 그리고 이듬해에 이 보수적인 아랫사람을 완전히 제압했는지, 그러다가 1934년 8월에 힌덴부르크가 죽은 다음에는 전체 권한을 모조리 통합하여 독차지했는지는 너무나 잘 알려진 일이어서 상세히 이야기할 필요가 없다. 하지만 다음 내용은 널리 알려져 있지 않기 때문에 —많은 사람에게는 깜짝 놀랄 소리로 들릴 것이기에— 여기서 분명히 확인해둘 필요가 있다.

1930~1934년에 히틀러가 국내정치에서 진지하게 고려하고 이따금 투쟁도 벌여야 했던 적 또는 경쟁자는 오로지 보수진영뿐이었다는 사실 말이다. 자유주의자, 중앙당, 사회민주당은 그에게 아무 방해도 된 적이 없으며 공산주의자들도 마찬가지였다.

그리고 1934년 이후로 무한 권력의 시기에도 마찬가지였다. 자유주의자들, 중앙당원, 사회민주주의자들은 자기들의 확신을 충실하게 지키는 한에는 거의 철저히, 히틀러에게는 전혀 해가 되지 않는 내면의 또는 실질적인 이민이라는 수동성으로 물러났고, 점점 힘이 약해지면서도 계속 새로 조직되곤 하던 작은 공산주의자 그룹의 죽음을 감수한 저항은 인간적으로는 존경받을 만한 일이었지만, 히틀러에게는 그냥 경찰이 다룰 문제에 지나지 않았다. 하지만 군대, 외교 분야, 행정부 등에 두루 포진한 보수주의자들은 언제나 진짜 정치적 골칫거리였다. 모든 일상에서 빼놓을 수 없기에 어느 정도 연합을 맺었지만 그래도 절반은 여전히 반대 입장이고, 적어도 일부는 완전히 반대자였다. 파펜과 슐라이허는 1934년 여름의 위기에서 한 번 더 움직였고(슐라이허는 그 대가로 목숨을 잃었고, 파펜은 외무부로 밀려났다.) 군대의 보수적인 장군들은 1938년과 1939년에 쿠데타 계획들을 세웠고, 괴르델러Karl Friedrich Goerdeler와 포피츠Johannes Popitz 같은 보수주의 정치가들은 전쟁 기간 내내 육군, 국가, 경제계에 있는 극히 다양한 사람들과 팀을 이루어 히틀러에게 맞섰다. 1944년에는 급기야 대규모 정치적·군사적 보수주의 반反히틀러 연합을 만들었는데, 1944년 7월 20일자 암살 기도가 그 절정이었다. 7월 20일의 히틀러 암살 기도는 본질적으로 보수주의자들의 기획이었다. 그 사망자 리스트가 고타Gotha의 귀족 연감처럼 읽힌다는 말은 맞는 말이었다. 히틀러가 쿠데타로 물러난 다음의 정권 구성에서 몇몇 장관 자리는 보기에 좋게 젊은 사회민주주의 정치가들에게 할당되어 있기는 했지만. 이 암살 기도는, 그것이 실현하려고 했던 낭만적-보수주의 국가 이상理想이 이전 파펜과 슐라이허의 국가 이상만큼이나 철저하지 못하고 시대 현실과 거리가 멀었던 탓에 결국 실패하였다.

하지만 이들 보수주의의 반대조차 히틀러에게 진짜로 위협이 된 적은 없었다. 그들에 맞서 그는 일련의 가벼운 성공들을 연속으로 거두었다. 그렇지만 어쨌든 그것은 마지막까지 그가 맞서야 했던 유일한 반대파였다. 그를 붕괴시킬 기회가 아주 적기는 했지만 그래도 그런 시도를 한 유일한 반대파였던 것이다. 그리고 이 반대파는 우파였다. 그들의 눈으로 보면 히틀러는 좌파였다.

그것은 생각해볼 문제이다. 히틀러는 정치적 스펙트럼에서 오늘날 많은 사람들이 생각하듯이 그리 쉽게 극우파로 분류되는 사람이 절대로 아니다. 물론 그는 민주주의자는 아니었다. 하지만 그는 대중이 원하는 바를 따르는 포퓰리스트였다. 엘리트가 아닌 대중에 권력의 기반을 둔 사람으로 어떤 의미에서 보면 절대 권력에 도달한 호민관이라 할 수 있었다. 그의 가장 중요한 통치 수단은 민중 선동이었고, 그의 통치 기구는 잘 구성된 서열이 아니라 제대로 조정되지 않은 채 오직 꼭대기에서 그 개인을 통해서만 통합된 민중 조직의 혼란스런 덩어리였다. 모든 것은 '우파'의 특징이기보다는 '좌파'의 특징이었다.

히틀러는 분명히 20세기의 독재자 서열에서 무솔리니와 스탈린 사이 중간쯤에 들어간다. 더욱 자세히 살펴보면 무솔리니보다 스탈린에 더 가깝다. 히틀러를 파시스트라 부르는 것보다 더 헷갈리게 만드는 것도 없다. 파시즘이란 인위적으로 만들어진 대중의 열광을 기반으로 한 상류층의 지배를 뜻한다. 히틀러는 대중을 열광시키긴 했지만 절대로 그를 통해 상류층의 지지를 얻으려 하지는 않았다. 그는 계급 정치가가 아니었고, 그의 나치즘은 파시즘과는 전혀 달랐다. 앞의 장에서 이미 우리는 그가 이룩한 '인간의 사회화'가 오늘날 소련이나 동독 같은 사회주의 국가에서 정밀하게 일치하는 요소들을 갖는 것을 보았다. 파시즘 국가에는 극히 드문, 거의 없는 특징이다. 히틀러의 '민족사회주의'가 스탈린의 '한 나라의 사회화'와(용어가 얼마나 비슷한지 주목하라!) 구분되는 것은 생산수단에서 사유재산의 지속 여부뿐이다. 마르크스주의자에게는 핵심적인 차이다. 그것이 히틀러의 국가처럼 전체주의 명령국가에서도 정말로 그토록 핵심적인 것인지 아닌지는 여기서 따지지 말기로 하자. 하지만 무솔리니의 고전적 파시즘과 히틀러 나치즘의 차이는 그보다 더욱 중요하다. 왕정이 아니며, 따라서 독재자가 하야할 가능성이나 바뀔 가능성도 없고, 정당이나 국가에 그 어떤 확고한 서열도 없으며, 헌법도 없고(따라서 파시즘 헌법도 없는), 전통적인 상류 계급과 실질적인 어떤 동맹도 맺지 않은, 상류 계급에게 아무런 도움도 안 되는 국가이다. 겉으로 드러난 사소한 차이 하나가 많은 본질적인 것의 상징이 되어준다. 무솔리니는 정당 제복도 자주 입었지만 연미복도 자주 입었다. 히틀러는 1933~1934년 사이에 힌덴부르크가 아직 대통령이고 겉으로는 파펜과 동맹을 유지하고 있는 동안에만 이따금씩 연미복을 입었다. 그 이후엔 스탈린처럼 언제나 제복만 입었다.

1930~1934년 국내정치에서 히틀러의 성공에 대한 관찰을 마치고 마찬가지로 시대사로 쉽게 설명되는 1935~1938년 국제무대에서의 성공으로 넘어가기 전에, 마지막으로 간단히 한 가지 돌아볼 것이 있다. 사람들은 자주 이렇게 묻는다. 히틀러 같은 인물이 오늘날 연방공화국[서독]에 등장한다면, 특히 경제위기와 실업이 당시 바이마르 공화국에서와 비슷한 규모가 된다면, 1930년과 같은 기회를 얻을 수 있을까? 히틀러의 권력 장악에 대한 우리의 분석이 옳다면 안심해도 좋다. 아니, 히틀러는 동일한 기회를 갖지 못할 것이라는 게 답이다. 오늘날 연방공화국에는 국가를 거부하고 자신들을 위해 국가를 파괴할 각오가 되어 있는 우파가 없기 때문이다.

한 나라가 경제위기와 대량 실업 사태로 그냥 무너지는 것은 아니다. 그게 아니라면 예를 들어 미국은 1930~1933년 사이에 1,300만 명의 실업자를 양산한 엄청난 불경기에 그대로 무너지고 말았을 것이다. 바이마르 공화국은 경제위기와 실업으로 인해 무너진 것이 아니었다. 물론 그런 것이 붕괴의 분위기에 기여하기는 했지만, 그 때문이 아니라 그 이전에 나타난 공화국 우파의 결심으로 무너졌다. 우파는 자기들에게도 확실하지 않은 권위적 국가를 세우기 위해 의회국가를 없애기로 단호히 결심하고 있었다. 바이마르 공화국은 또한 히틀러를 통해 붕괴된 것도 아니다. 그는 총리가 되었을 때 공화국이 이미 무너진 것을 보았고, 공화국을 무너뜨린 사람들에게서 그 권한을 빼앗은 것뿐이다.

연방공화국과 바이마르 공화국의 가장 큰 차이는 연방공화국에는 바이마르 공화국을 파괴한 정치세력, 곧 국가를 거부하는 우파가 없다는 점이다. 독일의 우파가 공화국과 의회주의, 민주주의로 되돌아온 것은 어쩌면 바로 히틀러와의 경쟁에서 패배한 것, 히틀러에 맞서 여러 해 동안 온갖 반대 활동을 하면서 부분적으로는 피를 흘리는 쓰라린 경험을 한 덕분일 것이다. 어쨌든 히틀러 이후로 우파는 자기들이 정치적 정당으로서, 좌파 정당들과 번갈아가며 정부를 꾸리거나 야당 노릇을 다투는 일을, 권위적인 국가의 주도권을 두고 포퓰리즘과 선동을 무기로 삼은 독재자와 경쟁하는 일보다 더 잘한다는 것을 배웠다. 가톨릭중앙당과 이전의 우파 정당의 혼합체인 기독교민주당 CDU 창당도 우파의 이런 기본적인 의식 변화를 나타내는 것으로서,

사회민주당이 1948년에 혁명정당에서 의회정당으로 노선을 바꾼 것
만큼이나 세기적인 사건이다.

연방공화국에는 바이마르 공화국에 없는 것이 있으니 바로 민주
주의 우파다. 연방공화국은 중도-좌파 연합정부와 함께 온갖 스펙
트럼을 지닌 모든 정당들이 (극좌와 극우파는 빼놓고) 뒷받침하는 국가
이다. 인간적으로 예측하는 한에서는, 1930년에 히틀러에게 길을 열
어준 것 같은 방향은 다시 나타나지 않을 것으로 보인다. 연방공화국
은—바이마르 헌법에 비해 연방공화국의 헌법이 그 어떤 이점을 지녀
서가 아니라 정치적인 구조 때문에—바이마르보다 더 안정되고 더 강
한 민주국가이다. 그리고 어느 날 다시 우파정부가 나와서 예컨대 테
러리즘에 대항하기 위해 현재의 법을 더욱 강화한다 해도, 처음 17년
동안에 그랬듯이 이 사실은 바뀌지 않을 것이다. 그렇기 때문에 대개
히틀러를 경험해보지 못한 채 연방공화국을 히틀러 제국과 비교하는
사람들은 자기들이 무슨 이야기를 하는지도 모르고 말하는 것이다.

이로써 국내정치에서 히틀러의 성공에 대해서는 충분히 말했고
외교 분야에서의 성공으로 넘어가기로 하자. 그는 외교 분야에서도
자신의 강점보다는 적들의 약점 덕에 성공하였다. 1930년에 이미 그
가 바이마르 공화국(1919년의 공화국)이 죽어가고 있음을 보았듯이,
1935년에는 국제 정세에서 1919년에 만들어진 유럽의 평화체제가 이
미 완전히 붕괴되고 있음을 보았다. 1930년에 국내에서 그랬듯이 지

금 외부에서도 현 체제의 수호자들이 용기를 잃었음을 보았고, 무언 가 다른 것으로 대체하고 싶어 하는 자들 중에서 마지못해 하면서도 결국은 도와줄 사람들을 보았다. 어째서 그런지를 알기 위해서는 앞서 바이마르 공화국의 역사를 잠깐 살펴보았듯이 1919년에 파리에서 성립된 유럽의 평화회의를 잠깐 살펴보아야 한다.

그것 또한 똑같이 불운한 역사이며 심지어는 구조도 같다. 파리 평화회의는 바이마르 공화국과 똑같은 태생적 결함을 지녔다. 바이마르 공화국이 처음부터 국가 운영에서 제외할 수 없는 가장 강력한 내부 권력집단인 우파에게서 지속적으로 힘을 빼앗지도 못하고(1918년의 혁명은 공화국에 그럴 기회를 제공해주었다), 그렇다고 우파를 새로운 공화국에 지속적으로 통합시키지도 못했듯이, 파리 평화회의도 유럽의 안정을 위해 빠질 수가 없는, 여전히 가장 강력한 세력인 독일의 힘을 지속적으로 빼앗지도 못하고, 그렇다고 지속적으로 통합시키지도 못했던 것이다. 바이마르 공화국과 파리 평화회의는 둘 다 오히려 그 반대로 행동했다. 그 옛날 메테르니히가 나폴레옹 전쟁 이후에 프랑스를 대한 방식으로 독일을 처음부터 평화회의의 성립에 참가자로 포함시키는 대신에, 평화회의는 독일을 모욕하고 무시했다. 그러고는 분할이나 점령 등을 통해 질서 교란의 능력을 지속적으로 없애는 일관된 태도를 취하는 대신에, 1차 대전의 승전국들은 1871년부터 1918년까지 독일을 유럽 최고의 강대국으로 만들어준 통일과 독립을 그대로 허용했을 뿐만 아니라, 자기들이 무슨 일을 하는지도 정확하게 모른 채 전에 마련해둔 평형추를 대부분 치워버림으로써 이 세력을 더욱 키우고 말았다.

심리적으로는 독일에서 베르사유 조약—1919년 파리 평화회의에서 직접 독일을 겨냥한 부분—을 무엇보다도 모욕으로 느낀 것이 이해가 된다. 베르사유 조약이 실제로 모욕이었기 때문이다. 이런 모욕은 무엇보다도 그것을 성립시킨 방식에 있다. 모욕받은 독일 사람들은 이 조약을 '강제명령'이라 불렀는데, 정말로 그랬다. 그 이전에 나온 유럽의 평화조약들은 승전국과 패전국 사이에 협상을 거쳐 합의를 이끌어냈는데, 협상 과정에서 그 특성상 승전국의 위치가 더 강하지만, 형식상으로는 패전국도 대등하게 참여했다. 그렇게 해서 패전국의 명예를 보존하고, 합의 사항을 엄수할 공동 책임을 지도록 도덕적인 기반을 닦았다. 이번에는 독일이 참가하지 않은 채 협의되고 합의된 내용에 대해, 독일은 전쟁의 위협을 담은 최후통첩으로 강요를 받아 억지로 서명했다. 이로써 독일 사람들은 강제로 서명한 것에 대해 처음부터 그 어떤 책임감도 느끼지 않았고, "저 베르사유의 쇠사슬을 털어버리자"는 생각을 강화하기 위해, 조약에 들어 있는 수많은 명예훼손과 차별적이고 악의적인 개별 조항들을 동원할 필요도 없을 정도였다. 이런 인식이 1919년부터 1939년까지 바이마르 공화국과 히틀러 치하에서 독일의 외교정책을 결정했다. 그리고 이 점에서는 바이마르 공화국도 히틀러만큼이나 성공을 거두었다. 히틀러는 '베르사유 쇠사슬'을 포함한 파리 평화조약이 이미 완전히 해체 과정에 들어

갔음을 보았다.

　베르사유 쇠사슬은 앞서 밝혔듯이, 히틀러가 놀랄 만큼 쉽게 파괴하기도 전에 이미 종잇조각에 지나지 않았다. 이 종이는 독일과 오스트리아 양측이 원하는 오스트리아의 합병을 금지했을 뿐만 아니라, 독일 전투력의 현대적인 무장도 금지했다. 또 독일의 전투력을 10만 명으로 제한하고, 독일에 여러 세대에 걸쳐서 전쟁배상금을 지불할 의무를 지웠다. 하지만 이렇게 종이에 적힌 제한과 의무를 강요할 실질적인 힘은 어디에도 없었다. 1919년 파리 평화회의 결정들은 오히려 그런 힘이 존재하지 않도록 노력했다. 독일에서는 모욕의 충격 속에서 처음에는 간과되다가 나중에야 천천히 알려진 일이지만, 이런 결정들은 독일이 4년간의 전쟁으로도 달성하지 못한 것을 이루어주었다. 즉 독일이 유럽에서 절대적이고 대항할 수 없는 우세한 세력이 되게 한 것이다. 독일의 영토 절단도 이 점에서는 전혀 영향을 주지 못했다.

　1871년부터 1914년까지 독일이 유럽의 강력한 개별 국가의 지위에서 절대적 권한의 자리로 올라서는 것을 가로막은 것은 독일이 네 개의 유럽 강대국과 맞닿아 있다는 점이었다. 곧 영국, 프랑스, 오스트리아 - 헝가리, 러시아 등이었다. 독일은 이들 강대국들을 고려하지 않을 수가 없었다. 독일은 그들 각각보다는 더 강했지만 이들의 연합보다는 약했기 때문이다. 1914년에서 1918년까지 독일이 '세계 권력을 장악'하지 못한 것은 영국과 프랑스가 처음에는 러시아와, 이어서 미국과 맺은 대규모 동맹 때문이었다. 1919년 파리에서 전쟁 이전 유럽의 4강 체제가 무너졌다. 오스트리아-헝가리 이중제국은 전쟁으로 인해 붕괴되고, 러시아는 유럽과의 협력에서 배제되었다. 그로써 러시아는 자연스럽게 승전국 연합에서도 배제되었다. 동시에 1917년 러시아를 위해 전쟁에 뛰어들었던 미국은 이런 승전국 연합에서 물러나면서 옛날 동맹국들의 평화협정에 동참하기를 거부했다. 따라서 평화협정은 처음부터 실질적으로 영국과 프랑스가 담당했다. 마치 바이마르 공화국이 바이마르 연합을 이룬 세 개 정당만으로 유지된 것과 마찬가지였다. 두 경우 모두 기반이 너무 약해서 전체를 다 감당할 수가 없었다. 본질은 그대로 유지된 독일 제국은—눈으로 확인하고 싶다면 전쟁의 경과를 살펴보라—영국과 프랑스의 힘만으로 베르사유 조약에 명기된 제약들에 붙잡아두기에는 지속적으로 너무 강했다. 그리고 옛날 오스트리아-헝가리 제국의 영토와 독일과 러시아 사이의 영토를 차지한 신생 국가들은, 독일이 전쟁의 긴장에서 풀려나 패배의 충격에서 회복되기만 하면 독일의 위성국가 노릇을 하도록 이미 운명지어져 있었다. 파리에서는 모욕적인 취급 방식을 통해 독일을 수정주의와 보복주의의 길로 몰아넣었을 뿐만 아니라, 독일이 온갖 수단을 다 동원해서 미친 듯이 이 길로 나아가도록 만들었다.

그에 책임이 있는 두 나라 영국과 프랑스도 곧바로 자기들이 중대한 실수를 했다는 사실을 막연히 의식했다. 하지만 그들은 이토록 희미한 깨달음에서 상반된 결론을 이끌어냈다. 영국은 평화 조건들

히틀러에 붙이는 주석

을 차츰 완화해줌으로써 독일을 만족시켜(appease, 유화정책) 화해하기 힘든 적을 수정된 평화협정의 고분고분한 동지로 만들어야 한다는 생각이었다. 프랑스는 반대로 파리에서 이루지 못한 독일의 실질적인 무력화無力化를 지금이라도 이루어야 한다는 생각이었다. 프랑스가 1923년에 루르 지역을 점령함으로서 실제로 이런 시도를 했을 때 두 나라의 대립은 분명하게 드러났다. 영국은 함께 움직이지 않았고, 프랑스는 굴복하고 속으로는 이를 갈면서도 이후로는 영국의 '유화'정책을 따르지 않을 수 없게 되었다. 이런 유화정책은 유럽의 전설이 전해주는 것처럼 1938년 뮌헨에서 네빌 체임벌린의 주도 아래서 시작된 것이 아니라, 오히려 그때 끝났다. 시작은 1925년 그의 형인 오스튼 체임벌린Austen Chamberlain의 주도로 이루어졌다.•

그다음 시기는 독일에서는 슈트레제만 시대라고 불리고 있는데, 외교 분야에서 이 시기는 묘하게도 힌덴부르크 대통령 선거 이후의 국내 사정과 정확히 일치한다. 이런 국제적 주변 상황은 처음에는 국내 사정과 시기적으로도 일치하다가, 결국은 국내 사정보다 더 오래 유지되었다. 브뤼닝, 파펜, 슐라이허가 영국의 유화정책이라는 견인 밧줄을 잡고 계속 항해했고 히틀러마저 처음 6년 동안 겉으로는 같은

• 1937년에 영국의 총리가 된 네빌 체임벌린(Arthur Neville Chamberlain, 1869~1940)은 기존의 유화정책을 따라 1938년 뮌헨 협정에서 독일의 체코 합병을 승인해주었다. 히틀러가 전쟁을 계속하지 않기를 바라는 마음에서였다. 하지만 히틀러는 이듬해 폴란드를 침공했다. 영국의 유화정책이 실패로 돌아가면서 새로 총리가 된 처칠은 독일에 선전포고를 했다.

노선을 걸었기 때문이다. 독일에서 공화국의 진짜 적들이 자신들이 공화국을 통치한다는 전제 아래서 한동안 공화국을 받아들였듯이, 독일도 파리 평화회의의 질서를 하나씩 무너뜨린다는 전제 조건 아래서 한동안 이 평화질서를 존중하였기 때문이다.

그리고 파리 평화회의의 질서들은 하나씩 무너졌다. 슈트레제만, 브뤼닝, 파펜, 슐라이허가 거둔 성공들―로카르노 조약, 독일의 국제연맹 가입, 프랑스가 점령한 라인란트 지방에서 일찍 철수한 것, 배상금의 삭제, 독일의 대등한 무장 권한―은 히틀러가 거둔 성공들―재무장, 일반적 병역의무, 런던 해군조약(1935), 라인란트의 재무장, 오스트리아 합병, 주데텐 지역 합병 등―보다 못하지 않은 것이었다. 다만 한 가지 차이점이 있었다. 히틀러의 선배들은 성공을 거둘 때마다 그것이 지닌 화해의 특성을 강조함으로써 영국이 유화정책을 계속하도록 만들었다. 히틀러는 반대로 자신의 성공을 적대적인 세계에 저항하는 것으로 비치게 하려고 애썼다. 그가 성공한 것은 그가 독일의 여론을 완전히 장악해서만이 아니라, 독일 국민정서의 성향 덕분이기도 했다. 독일 국민은 증오하는 베르사유 체제에 저항하여 이겨내기를 늘 바라면서도, 이런 외교적 성공이 화해의 이름으로 이루어지는 동안에는 절반만 기뻐했다. 하지만 히틀러는 자기에게 주어진 외교적 성공들을 무대에 올리는 방식을 통해서 천천히 영국 파트너들의 기분을 망쳤다. 영국인들은 히틀러가 자기들이 바라는 반대급부―유럽 평화를 확고히 하는 데 협조하고 독일에 유리하게 수정된 평화

체제를 함께 유지하기—를 계속 유보하는 것을 그대로 못 본 척 넘길 수 없었다. 그들은 차츰 자기들이 평화를 확고하게 할 목적으로 넘겨준 모든 것을 사실은 그가 새로운 전쟁을 위한 국력 강화로 만들고 있다고 의심하게 되었는데, 충분한 근거가 있는 의심이었다. 오스트리아 합병을 영국은 아직 별다른 문제 없이 받아들였다. 하지만 주데텐 지역을 합병했을 때 영국은 참견을 하고 싶었고, 뮌헨 협정은—영국은 히틀러의 '마지막 영토 요구'라 여겨 한 번 더 승인했지만—영국에서 이미 심각한 논쟁거리가 되었다. 반년 뒤에 히틀러가 이 협정을 깨고 프라하로 진군하자 모든 것은 끝났다. 유화정책은 종적도 없이 사라지고, 그 대신에 독일과의 한판 전쟁을 피할 수 없다는 우울한 체념이 나타났다.

이렇게 조명해보면, 히틀러가 자신의 외교적 성공들에 부여하고 또한 차츰 그 성공의 원천을 망가뜨린 그 놀라운 특성으로 인해 그것들을 정말로 순수한 성공이라고 불러야 할지, 차라리 그것을 뒤에서 살펴보게 될 「실수—잘못된 행동들」 장에 넣는 게 나을지 모를 지경이다. 그의 성공은 적어도 매우 거대한 잘못된 행동을 예비하는 것이다. 바로 히틀러가 1939~1941년 사이에 범하는 잘못으로서, 전쟁 없이도 자기가 이미 전혀 의문의 여지 없이 회복해놓은 유럽에서의 독일의 패권을 도박판에 걸어서, 전쟁을 통한 유럽 정복과 점령으로 바꾸어버린 일이 그것이다. 그것은 마치 이미 완전히 자신을 바친 헌신적인 여성을 경박하게 겁탈하는 행동과 비슷한 짓이었다.

그래도 어쨌든 이 시기에(1939~1941) 그는 한 번 더 성공을 이루었으니, 별 의미가 없고 장기적인 효과로 보면 해롭기까지 하지만 하여튼 성공으로서, 정치적인 것이 아니라 군사적인 종류의 성공이었다. 이런 성공들 가운데 한 가지는 정말로 인상적이다. 프랑스에 대해 그토록 빠르고도 쉽게 거둔 승리가 그것이다. 독일이 폴란드, 덴마크, 노르웨이, 네덜란드, 벨기에, 룩셈부르크, 유고슬라비아, 그리스 등을 군사적으로 압도한 것은 그 누구에게도 놀랍지 않은 일이며 두려움과 증오심을 불러일으킬 뿐, 경탄을 자아내는 일은 아니었다. 하지만 1차 세계대전에서 4년 동안이나 이를 악물고 버티며 전쟁을 계속했던 프랑스가 히틀러의 지휘 아래 단 6주 만에 항복한 것은 한 번 더 그리고 마지막으로, 기적을 행하는 자라는 히틀러의 명성을 확인해주었고, 이번에는 군사적 천재라는 명성까지도 만들어주었다. 그에게 경탄하는 사람들의 눈으로 보자면, 그는 온갖 국내와 국제적 성공들에 이어서 1940년에 '모든 시대 가장 위대한 사령관'이 되었던 것이다.

그가 그런 위대한 사령관이 아니었다는 것은 오늘날 복잡하게 서술할 필요도 없게 되었다. 오히려 우리는 군사적으로 그를 비판하는 사람들에 맞서 어느 정도 그를 옹호해야 할 지경이다. 2차 세계대전에 참전한 독일 장군들은, 그들의 회고록만 보면, 히틀러가 방해하지 않았더라면 전쟁에서 모조리 승리했을 것이다. 하지만 실제 사정은 그렇지 않았다. 히틀러는 전쟁 지휘를 상당히 잘 이해하고 있었고, 1차 세계대전의 전선에서 싸운 경험을 다른 어떤 일보다도 지적으로 잘

다듬었으며, 연합군 측 상대자인 처칠, 루스벨트, 스탈린 등과 비교하면 ─군 최고 통수권자라는 직분을 이름으로만 받아들이지 않고 장군들에게 이런저런 명령을 내리는 온갖 아마추어 전략가들과 비교해도─군사적 영역에서 그다지 성적이 나쁘지 않았다. 자신이 거느린 장군들과 비교해도 그렇다. 물론 독립적인 전차군단이라는 아이디어는 구데리안이 내놓은 것이고, 프랑스 전선을 위한 전략적으로 뛰어난 (유명한 슐리펜 작전 계획보다 훨씬 더 나은) 계획도 만슈타인Fritz Erich von Manstein의 생각이었다. 하지만 히틀러가 없었다면 구데리안도 만슈타인도 자기들보다 계급이 더 높고, 전통을 중시하는 완고한 육군 장성들에 맞서 그런 의견을 관철할 수 없었을 것이다. 그들의 계획을 선택하여 실현할 수 있게 해준 이가 히틀러였다. 그리고 뒷날 러시아 전선에서 아이디어도 없이 고집만 센 히틀러의 방어 전략이 1차 세계 대전의 참호 수호 정신에 지나치게 붙잡혀 있음을 보여주었다고 한다면, 다른 한편으로 러시아 전선에서 히틀러가 고집하지 않았다면 이미 첫해 겨울에 이곳 전선이 파국으로 끝나지 않았을지도 질문해보아야 한다. 히틀러는 물론 그 자신이 믿는 것처럼 군사적 천재는 아니었다. 하지만 그렇다고 장군들이 회고록에서 속죄양으로 삼아 서술한 것처럼 그렇게 가망 없이 군사적으로 무지하고 무능한 사람은 아니었다. 1940년 프랑스 전선에서의 군사적으로 놀라운 성공은 분명히 본질적으로 그의 공로였다.

그가 만슈타인이 짠 계획의 가치를 알아보고, 주저하는 육군 사령관 브라우히치Walther von Brauchitsch와 참모총장 할더Franz Ritter Halder에 맞서 그것을 관철시켰기 때문만이 아니라, 무엇보다도 그 자신만이 유일하게 이 작전을 감행하도록 만든 사람이기 때문이다. 이때 독일 장군들은 모두 1914년 프랑스 전선의 악몽을 떠올리고 있었다. 1914년에 대對 프랑스 작전이 시작된 뒤로 4년 동안이나 지루한 진지전으로 머물고 말았던 일 말이다. 1939년에 장군들 중 상당수는 그런 모험을 또다시 감행하기보다는 차라리 히틀러에 맞서 쿠데타를 일으킬 각오를 하고 있었다. 그리고 독일 장군들처럼, 프랑스와 전 세계도 1914년의 기적적인 방어가 당연히 되풀이될 거라고 기대했다. 오직 히틀러만 그렇지 않았다. 히틀러가 프랑스에 대해 거둔 승리가 마치 기적처럼 빛나는 광채를 띠고 나타난 것은, 바로 이런 일반적인 기대와 또 그런 기대가 재빨리 실망으로 바뀐 덕분이었다. 하지만 그것은 사실 기적이 아니었다. 1914년에 프랑스가 방어해냈다는 것이 오히려 기적이라면 기적이었다.(지금 1978년의 프랑스가 1940년의 프랑스가 아니라는 사실을 지적하는 것이 어쩌면 아주 쓸모없는 일이 아닐지도 모르겠다. 1978년의 프랑스는 다시 젊어진, 물리적·도덕적으로 다시 건강해진 국가다.) 프랑스는 최초의 독일 탱크가 마스 강을 건너기도 전에 이미 내적으로 패배한 상태였다.

앞에서 파리 평화회의 체제가 무너지는 과정을 서술하면서 1924년의 프랑스를 관찰하는 것을 놓쳤다. 프랑스는 [영국의 협조 없이] 단독으로 루르 지역으로 진군했다가 실패한 다음 1924년에 어쩔 수 없이 영국의 유화정책을 따라야 했다. 처음에는 못마땅해하고 멈칫거리면서, 나중에는 점점 더 의지력을 잃어버린 채로, 그리고 마지막에는 거의 자학적인 열성으로 따랐다. 프랑스는 실제로 1924년 이후로 유럽의 정치에서 종속적인 역할을 하는 데 머물렀다. 주인공은 영국과 독일이었고, 핵심은 영국의 유화정책과 독일의 〔국경〕 수정주의가 서로 화합을 이루느냐 못하느냐였다. 이 과정에서 프랑스는 오직 가장 좋은 것, 그러니까 독일이 단계적으로 불만을 버리고 마지막에 정말로 만족하기만을 바라고 있었다.

그렇지 못하면 고약한 일이었다. 독일에 대한 모든 양보는 프랑스의 비용으로 돌아갔다. 그리고 이런 양보와 더불어 7천만 인구〔독일〕가 4천만 인구〔프랑스〕에 대해 갖는 자연스런 우세함이 회복되었다. 1919년부터 1923년까지 프랑스는 이런 우세함을 꺾어보려 했으나 실패하였다. 유화정책이 ―프랑스에서 계속 두려워했듯이 ― 수포로 돌아가고 다시 강해진 독일이 어느 날 공격과 보복에 나선다면, 영국은 바다를 사이로 독일과 떨어져 있지만 프랑스는 라인 강만 가운데 두고 있었다. 프랑스는 영국이 추진하는 유화정책의 성공 가능성을 처음부터 깊이 의심하면서도 영국의 정책을 좇았다. 달리 대안이 없었기 때문이다. 하지만 프랑스는 나날이 신경이 곤두섰다. 프랑스의 자기주장 의지는 마비되었다. 또 한 번 마르느Marne 전투, 또 다시 베르덩Verdun 전투〔1차 대전 당시 프랑스-독일 전투들〕란 생각할 수도 없었다. 1936년에 히틀러가 군대를 이끌고 옛날에 프랑스가 진군했던 라인란트—6년 전에 프랑스가 유화정책의 일환으로 약속보다 일찍 철수한 그 라인란트—의 그 지점을 다시 점령했을 때 프랑스는 히틀러의 독일을 마치 뱀을 바라보는 토끼처럼 바라보았다. 마침내 프랑스는 잠재의식 속에서 피할 수 없는 끔찍한 종말이 얼른 다가오기를 소망했다. "Il faut en finir."—"끝내야 한다." 1939년 프랑스가 전쟁을 시작하면서 내놓은 구호는 거의 패배를 향한 구호처럼 들렸다. 어떻게든 끝장을 보자!

1919년부터 1939년까지 프랑스 역사는 힘겹게 쟁취했지만 완전히 잃어버린 승리의 역사이며, 가장 자부심이 강한 자의식에서 거의 완전한 자포자기로 내려가는 과정으로서 하나의 비극이었다. 독일에서는 프랑스를 여전히 1차 대전 이후 처음 몇 년 동안의 끔찍한 악몽으로 기억하고 있었기에, 그 비극을 보지 못했다. 아니면 어디서도 이 비극을 보지 못했다. 모두들 프랑스가 여전히 1919년의 승리한 프랑스일 뿐만 아니라, 1914년의 영웅적인 프랑스라고들 여겼다. 독일의 장군들은 새로운 마르느 전투, 새로운 베르덩 전투를 눈앞에 그려보며 프랑스 사람들만큼이나 두려움을 느꼈다. 독일만이 아니라—이것이야말로 놀라운 일인데—영국과 러시아를 필두로 전 세계가 1939년 전쟁이 터질 무렵에, 프랑스가 당연히 언제라도 저 1914년에 그랬듯이 영토를 수호하기 위해 젊은이들의 피를 강물처럼 철철 흘릴 각오가 되어 있다고 여겼다. 히틀러만은 전혀 그렇게 생각하지 않았다.

오늘날 돌이켜보면 당시 히틀러만 본 것을 그리 어렵지 않게 볼 수 있다. 프랑스는 15년 동안이나, 처음에는 이를 갈면서, 나중에는 의지력을 상실한 채 체념과 절망의 상태에서 스스로의 생존을 위한 이익에 반하는 행동을 해왔다. 1925년에는 로카르노 조약을 체결했는데, 이로써 프랑스는 동부에 있는 작은 동맹국들을 포기했다. 1930년에는 앞으로 5년 동안 더 머물러 있어도 되는 라인란트에서 물러났다. 그리고 1932년 여름에는 전쟁배상금을 포기하고, 늦가을에는 독일의 군사적 평등권을 인정했다. 1935년에는 독일이 강력한 군비확장 정책에 대해 공개적으로 나팔 부는 것을 마비된 듯이 바라만 보았다. 그리고 1936년에 로카르노 조약에 따라 비무장지대로 남아 있어야 할 라인란트로 독일의 국방군이 진입하는 것을 무력하게 바라보았다. 그리고 1938년 3월에는 독일이 어느 정도는 군사력을 바탕으로 오스트리아를 합병하는 것을 구경했고, 같은 해 9월에는 어떻게든 평화를 얻기 위해 프랑스의 동맹국에서 가장 큰 영역인 체코슬로바키아를 스스로 독일에 양도했다. 그리고 1년 뒤에 독일이 또 다른 동맹국인 폴란드를 공격하자—영국에 이어 여섯 시간 만에—분노보다는 슬픔을 안고 독일에 선전포고를 했지만 그것도 프랑스가 이미 3주 동안이나 쉬어 자세로 서 있고 난 다음이었다. 프랑스 군대 전체에 맞서 단 1개 독일 군단만을 남겨두고 나머지 독일 군대가 모두 폴란드에 최후의 일격을 가하고 있던 그 3주 동안에 말이다. 이런 나라가 공격을 받는다고 두 번째 마르느 전투, 두 번째 베르덩 전투를 할 수 있을까? 1806년 프로이센이 그랬듯이, 첫 번째 일격으로 폭삭 주저앉고 말지 않겠는가? 프로이센 역시 11년 동안이나 비굴한 정책을 추진한 다음 최악의 순간에 마침내, 이미 오래 전에 훨씬 우세해진 나폴레옹을 향해 스스로도 완전히 이해하지 못한 선전포고를 했던 것이다. 히틀러는 자신이 하는 일에 확신이 있었다. 그가 옳았음을 인정할 수밖에 없다. 프랑스 전선은 그에게 최고의 성공이었다.

물론 히틀러의 모든 성공에 타당한 법칙이 여기에도 해당된다. 전세계의 눈에 그렇게 비쳤어도 그것은 진짜 기적이 아니었다. 히틀러가 바이마르 공화국이나 파리 평화체제에 죽음의 일격을 가했든 아니든, 그가 독일의 보수주의자들이나 프랑스를 유린했든 아니든, 그는 언제나 이미 쓰러지는 상대를 만났고, 이미 죽어가는 상대를 죽인 것이다. 인정해야 하는 것은 그가 이미 쓰러지는 것, 이미 죽어가는 것, 오직 안락 사살만을 기다리는 것에 대한 본능을 가졌다는 점이다. 다른 모든 경쟁자에 비해 뛰어난 본능으로(젊은 시절 옛날 오스트리아에서도 이미 가졌었던) 그는 동시대 사람들에게 엄청난 경탄을 불러일으켰거니와 스스로도 경탄했다. 이런 본능은 물론 정치가에게는 매우 쓸모가 있다. 독수리의 시력보다는 콘도르의 후각에 비할 만한 것이다.

오류
-잘못된 생각들

Anmerkungen
zu Hitler

인간의 삶은 짧고 국가나 민족의 생명은 길다. 계층과 계급, 제도와 정당들도 대개는 정치가로서 봉사하는 인간들보다는 더 오래 지속된다. 그 결과 대부분의 정치가들은—특히 흥미롭게도 우파일수록 더욱—순수하게 실용적으로 행동한다. 그들은 자기들이 잠깐 등장하는 전체 연극을 모르고, 또 그것을 알 수도 없고 알고자 하지도 않으며, 단순히 이 순간이 명령하는 역할만 행할 뿐이다. 그리고 그들은 이런 태도를 지니고, 전체의 의미를 꿰뚫어보려 하는 더욱 원대한 목적을 지닌—대개는 실패하는데—정치가들보다 훨씬 더 성공적이다. 심지어는 정치적인 불가지론자들도 있다(대개 가장 성공한 정치가들). 그들은 전체의 의미라는 걸 아예 믿지 않는다. 예를 들어 비스마르크는 이렇게 말했다. "우리의 국가와 권력과 명예라는 것이 신 앞에서는 개미집이나 벌집과 다를 바가 무엇이냐. 개미집이나 벌집은 황소의 발굽에 밟히거나, 꿀벌 재배자의 모습을 한 운명에게 당하는 법인 것을."

이론을 실천으로 옮기려는, 또한 국가나 정당을 위해 일하면서 동시에 섭리나 역사를 위해, 진보를 위해서도 일하려고 하는 또 다른 정치가 유형도 있다. 그들은 대개 좌파에 속하는 사람들이고, 대개는 성공하지 못한다. 실패한 정치적 이상주의자와 유토피아주의자들은 바닷가의 모래알만큼이나 많다. 그래도 몇몇 위대한 사람들은 이런 종류의 정치적 관점을 지니고도 성공을 거두었다. 무엇보다도 위대한 혁명가들이 여기 속한다. 예를 들면 크롬웰과 제퍼슨, 20세기에는 레닌과 마오쩌둥이 그렇다. 그들의 성공이 실제로는 기대했던 것과는 다르게, 훨씬 더 추하게 보인다 해도 성공 자체를 부정할 수는 없다.

조사하지도 않고 그를 정치적 우파로 분류하는 것을 극히 조심해야 하는 주된 이유가 되겠는데, 히틀러는 정확히 두 번째 유형의 정치가이다. 그는 정치적 실용주의자가 될 생각이 전혀 없었고, 정치 사상가, 정치적 목적을 지닌 사람, 또는 그 자신의 어법에 따르면 '강령 이론가'였다. 히틀러주의의 레닌일 뿐만 아니라 어느 정도는 마르크스이기도 한 것이다(실천자이며 동시에 이론가라는 뜻). 그는 자기가 '강령 이론가'이며 정치가라는 것을 특히 자랑스럽게 여겼는데, 그 둘이 한 사람에게서 합쳐져 나타나는 것은 아주 오랜 시간에 걸쳐 한 번 있을까 말까 한 일이기 때문이다. 그 밖에도 그는 이론, 그러니까 '강령'을 따르는 정치가는 대체로 순수한 실용주의자보다 훨씬 더 어려움을 겪는다는 것을 제대로 알아보았다. "한 인간의 업적이 미래를 위해 위대한 것일수록 투쟁은 더 힘들고 성공은 더 드물다. 그런데도 수백 년에

한 번씩 그런 사람이 나온다면 다가오는 명성의 희미한 빛이 말년에 벌써 그를 둘러쌀 것이다."

물론 그런 운명은 히틀러에게 주어지지 않았다. 그의 말년에 그를 둘러싼 것은 다가오는 명성의 희미한 빛과는 전혀 다른 것이었다. 하지만 그가 스스로 만든 강령에 따라 정치를 했으며, 그래서 정치를 하기가 쉽기보다는 어려워졌다는 말은 옳다. 나아가 그가 자신의 실패를 미리 강령으로 만들어두었다고 할 수 있을 정도다. 그가 자신에게 부여한 세계상, 또한 그의 강령이 기반하고 있는 세계상이 잘못된 것이었다. 이런 세계상을 지향하는 정치는 잘못된 지도를 보며 여행하는 사람처럼 목적지에 도달할 수 없다.

히틀러의 정치적 세계관을 좀 더 자세히 살펴보고 거기서 잘못된 것을 올바른 것과, 또는 적어도 옹호할 수 있는 것과 구분할 필요가 있다. 이상하게도 이런 시도는 지금까지 거의 이루어지지 않았다. 1969년에 에버하르트 예켈이 『히틀러의 세계관』이라는 책에서 무질서하게 여기저기 책과 연설에 흩어져 있는 그의 사상을 분석해내기 전까지 히틀러 관련서들에서는 그런 세계관이 존재했다는 인식조차 없었다. 오히려 그때까지 지배적인 의견은 영국의 히틀러 전기 작가인 앨런 벌록Alan Bullock의 말로 요약할 수 있다. "나치즘의 유일한 원칙은 권력과 지배권 자체였다." 이것은 "권력에의 의지…… 원칙의 승리를 의미"했던 로베스피에르나 레닌에 대한 분명한 대립이라는 것이다. 이 문제를 더 이상 추적하지 않은 사람들에게 히틀러는 온전히 기회주의자이자 본능의 정치가로만 여겨졌고 오늘날에도 여전히 그렇다.

하지만 그는 그런 사람이 아니었다. 히틀러가 전략과 타이밍의 문제에서 자신의 본능을 또는 그 자신의 표현대로 '직관'을 믿기는 했지만, 그는 정치적 전략에서 철저히 확고하고 심지어 고집스런 기본 이념을 따랐다. 그것은 그가 자신에게 부여한 이념으로서, 비록 가장자리 술이 너덜너덜하더라도, 그 자체로 어느 정도 설득력이 있는 논리체계이며 마르크스의 의미에서 보아도 '이론'이었다. 예켈은 책에서 히틀러의 정치적 저술에 흩어져 있는 수많은 파편들과 주제에서 벗어난 말에서 그 이론을 찾아내 추후에 짜깁기를 했다. 그는 비판이 필요 없다고 보았다. "문명화된 사람들 사이에서라면 이런 세계관이—그 수단은 처음부터 그리고 까놓고 오로지 전쟁과 살인일 뿐인—그 원시성과 잔인성에서 다른 모든 것을 능가했으며, 지금도 그렇다는 것을 굳이 말할 필요도 없다." 정말 맞는 말이다. 히틀러를 비판적 정밀관찰이 필요한 정치사상가라고 받아들이는 것은 정말이지 즐거운 일이 아니다. 그런데도 상반된 두 가지 이유에서 꼭 필요한 일이다.

첫째로 그것을 하지 않으면 사람들이 생각하는 것 이상으로 히틀러의 논리 일부가 살아남을 것이기에, 그것도 꼭 독일 사람들이나 의식적인 히틀러 추종자가 아닌 사람들 사이에서도 살아남을 것이기 때문이다. 한편 그의 생각에 들어 있는 잘못과 더 올바른 것을 정확하게 구분하지 않으면, 히틀러가 그렇게 생각했다는 이유만으로 옳은 것이 금기시될 위험도 있기 때문이다. 히틀러도 2 곱하기 2는 4라고 생각했겠지만, 분명히 4가 맞다.

두 번째 위험은 히틀러의 사색의 출발점이 전혀 독창적이지 않아서 더욱 커진다. 그가 독창적이지 않은 이 출발점에서 만들어낸 내용이야말로 철저히 잘못된 생각으로 입증되었지만 어쨌든 독창적이었다. 그가 건축 설계에서 상투적 의고전주의를 지향하는 관공서 건물 양식에서 출발했고, 그 점에 대해선 별로 반대할 것도 없지만, 과장과 사치와 도발적인 비율을 통해 그것을 망친 것과 비슷하다. 그가 출발점으로 삼은 기본적 생각들은 대부분 동시대 사람들도 가졌던 생각들이다. 일부는 '2 곱하기 2는 4' 유형의 뻔한 진리들이다.

뻔한 진리의 예를 들자면 이 세상에는 여러 민족들이 있고, 히틀러 이후로는 사람들이 그 낱말을 입에 올리기를 싫어하지만 여러 '종족'〔인종〕들이 있다. 당시에 거의 일반적으로 받아들여졌고, 오늘날에도 상당히 지배적인 생각 하나는 국가와 민족은 가능한 한 서로 동일해야 한다는 것, 그러니까 국가는 민족국가여야 한다는 생각이다. 그리고 국가 생활에서 전쟁이 빼놓을 수 없는 것이라는 관점도 히틀러 이후에 비로소 의문시된 것이다. 하지만 어떻게 전쟁을 없앨 수 있느냐는 질문에 대해서는 오늘날에도 답이 없다. 이것은 다만 히틀러가 생각하고 말한 모든 것이, 그가 그것을 생각하고 말했다는 이유만으로 이미 논할 필요도 없는 것으로 치부되어버리는 경우의 예로서, 또 그래서는 안 된다는 경고로서 말하는 것이다. 그리고 민족과 인종을 있는 그대로 현실로 다루는 사람, 또는 민족국가를 민족국가라 부르고 전쟁의 가능성을 고려하는 사람의 말을 '히틀러'라는 치명적인 이름으로 아예 가로막아 버리기 때문에 하는 말이다. 히틀러가 계산을 잘못했다고 숫자를 없앨 수는 없는 노릇이다.

이제 히틀러의 역사적·정치적 세계상, 곧 '히틀러주의'의 이론을 짤막하게 서술하기로 하자. 그것은 대강 다음과 같다.

모든 역사적 사건을 담당하는 존재는 오로지 민족 또는 종족〔인종〕이다. 계급도, 종교도, 가장 엄격한 의미에서의 국가도 아니다. 역사는 "한 민족의 생존을 위한 싸움의 과정을 서술한 것"이다. 또는 선택하기에 따라서는 "모든 세계사적 사건은 종족의 자기보존 충동의 표현에 지나지 않는다." 국가는 "원칙적으로 목적을 위한 수단에 지나지 않으며, 그 목적은 인간의 종족적 생존의 유지라고 볼 수 있다." 또는 약간 덜 방어적으로 말하면 이렇다. "국가의 목적은 육체적·영적으로 동일한 생명체로 이루어진 공동체를 유지하고 촉진하는 것이다." "국내정치는 한 민족이 외교적 주장을 하기 위해 내적인 힘을 확보하는 일이다."

여기서 외교적 주장이란 싸움이다. "살려고 하는 자는 싸워라, 그리고 영원한 투쟁으로 이루어진 이 세상에서 싸우지 않는 자는 삶을 얻지 못한다." 그리고 민족들 (또는 종족들) 사이의 싸움은 자연스럽게 전쟁으로 진행된다. 올바르게 관찰해보면 "전쟁은 폭력적인 놀라움의 특성을 잃어버리고, 한 민족의 근본적이고 단단한 토대를 갖춘 지속적인 발전의 자연스럽고 자명한 체제이다." "정치는 한 민족이 지상의 생존을 위해 생존전쟁을 수행하는 기술이다. 외교는 한 민족에게 꼭 필요한 생존공간을 좋은 것으로 넉넉하게 확보하는 기술이다. 국내정치는 그것을 위해 한 민족에게 필요한 힘의 투입을 종족 가치와 종족의 숫자로 유지하는 기술이다." 간단히 말해 정치는 전쟁이자 전쟁 준비이며, 이 전쟁에서는 첫째로 생존공간이 핵심 문제이다. 생존공간의 문제는 아주 보편적인 것으로 모든 민족, 심지어는 모든 생명체에 타당한 것이다. "생명체의 자기 보존 충동과 지속적 보존의 욕구는 무한한데, 그에 비해 이 전체 생명의 과정이 이루어지는 공간은 유한하다. 생존공간의 이런 한계가 바로 생존전쟁을 강요한다." 특히 이것은 도이치 민족에게 해당한다. 도이치 민족은 "오늘날 생존공간이 좁아서 새로운 토양과 근거지로 나아가기 위해 힘을 모아야" 한다. 그의 주요 목적은 "우리 민족의 숫자와 우리 영토, 곡물의 원천이며 권력 정책의 토대인 영토 사이의 불일치를 없애는 것"이다.

둘째로 전쟁에서는 지배와 종속이 문제가 된다. "자연의 귀족주의적 기본 원칙이 원하는 것은 강자의 승리와 약자의 박멸 또는 약자의 무조건 굴복"이다. 그것은 "지속적으로 서로 경쟁하여 더 나은 품종으로 발전해야 하는 힘들 사이에서 벌어지는 거침없는 게임"이다.

셋째로 그리고 마지막으로 이런 민족들의 지속적인 전쟁에서는 세계지배가 핵심 문제가 된다. 이것은 1930년 11월 13일자 연설에서 가장 명료하고 간결하게 표현되었다. "모든 존재는 확장을 지향하고, 모든 민족은 세계지배를 지향한다." 그리고 그런 것이 좋다. 왜냐하면 "우리 모두는 먼 미래에, 지구 전체의 수단과 가능성을 바탕으로 최고 인종이 지배 민족이 되어 해결해야 할 문제들이 인류에게 다가올 것임을 짐작한다." 그리고 『나의 투쟁』 마지막에서 "필연적으로 이 지상에서 자신에게 주어진 지위를 차지해야 할" 독일을 분명하게 지칭하면서 이렇게 말하고 있다. "인종 오염의 시대에 최고 인종의 요소들을 보살피는 데 자신을 바치는 국가가 언젠가 지구의 주인이 되어야 한다."

여기까지는 모두 약간 편협하고 가파르고, 매우 대담한 생각이긴 해도 나름의 설득력이 있다. 히틀러가 자신의 생각에서 핵심이 되지만 한 번도 스스로 정의를 내리지도 않고 자주 '민족'과 동의어로 쓰는 '인종'이라는 개념을 가지고("인종문제가 세계사의 핵심") 얼마나 묘기를 부리는지를 보면 그제야 의혹이 생긴다. 그에 따르면 언젠가 "최고 인종이 지배 민족이 되어" 세계를 지배해야 한다. 하지만 대체 누가 지배한단 말인가? 한 인종인가, 아니면 민족인가? 독일 사람들인가, 아니면 아리안인가? 이것은 히틀러에게서 절대로 명료해지지 않는다. 또한 아리안이 누구를 지칭하는 것인지도 마찬가지로 불분명하다. 결국은 게르만 종족들인가? 아니면 유대인을 뺀 모든 백인인가? 그에 대해서는 히틀러에게서 답을 찾을 수 없다.

'종種'이라는 개념은 일반적인 언어 사용이나 또 히틀러에게서도 두 가지 전혀 다른 뜻으로 사용된다.* 질적인 의미와 중립적인 의미가 그것이다. '좋은 종', '종을 개선한다'는 것은 가축 사육사의 세계에서 나온 말로서, 그들은 특정한 종에서 열등한 표본들을 제거하고 이 종의 특수한 특성을 사육을 통해 강화하려고 한다. 히틀러에게서도 자주 이 개념이 사용된다. 그가 정신박약자의 거세나 정신장애자의 살해를 통해 한 민족의 '종족〔인종〕 가치'를 더욱 높여야 한다고 말할 때 그렇다. 하지만 동시에 일반적으로 '종'이란 동일한 종의 다양한 변종들을 구분하기 위해 가치중립적인 개념으로 사용되기도 한다. 인간이나 말이나 개에게 그런 것이 물론 있다. 여러 피부 색깔의 인간을 전혀 아무런 가치판단 없이 다양한 인종의 인간이라고 표현한다. 그리고 히틀러 이후로 이 낱말을 더는 입에 올리지 않으려 한다면 같은 의미를 가진 다른 낱말을 만들어내야 한다. 이것을 넘어서 히틀러 시대에 아주 널리 퍼져 있던 것으로 백인종을 나타내는 다양한 표현들이 있다. 그러니까 게르만 종족, 로만 종족, 슬라브 종족 등의 여러 낱말들, 또는 다양한 신체 및 두개골 유형들—북방의, 동방의, 서방의, 또는 디나르의 등—도 '종족'이라 부르는데, 여기에는 선입견과 임의의 가치들도 끼어들게 마련이다. '게르만' 또는 '북방'〔종족〕이라는 말이

---

* 종Rasse이라는 낱말은 우리말로는 문맥에 따라 '종족' 또는 '인종'으로 옮겨진다. 예를 들면 Rassismus는 '종족주의' 또는 '인종주의'라는 말이 된다.

많은 사람들에게 '슬라브'나 '동방'〔종족〕보다 더욱 섬세한 것으로 들린다.

히틀러에게서 이 모든 것은 완전히 뒤죽박죽이다. 그리고 예켈이 ─우리는 지금까지 본질적으로 공로 많은 그의 서술을 따라온 것인데─ 히틀러 사상의 전체 그림에서 종족이론을 위해서도 확고하고 논리적으로 문제가 없는 자리를 찾아주려 했더라면 약간 더 도움이 되었을지도 모른다. 하지만 그것은 무언가를 없애버려야만, 그것도 히틀러에게 본질적으로 중요한 것을 없애야만 가능한 일이다. 물론 '인종 또는 종족'을 오직 사육사의 관점에서만 사용하는 한─히틀러는 실제로 자주 그렇게 하는데─그러니까 한 민족이 '우량종 사육'을 통해 '종의 가치'를 높일 수 있고, 높여야 한다고 말하는 한에는, 모든 것이 분명해진다. 역사의 주역은 민족들이다. 역사 자체가 생존공간과 세계지배를 놓고 다투는 민족들 간의 전쟁과 경쟁으로 이루어지고, 이런 싸움을 위해 그들은 언제나 무장을 하고 있어야 한다. 군사적으로나 이데올로기로만이 아니라 생물학적으로도 그렇다. 그러니까 '종의 가치'를 높임으로써, 즉 약자의 박멸과 전투적으로 쓸모있는 특성들을 의식적으로 더욱 키움으로써 말이다. 이 모든 것이 옳지는 않고, 우리는 앞으로 다시 이 지점으로 돌아오겠지만, 그래도 어쨌든 자체로는 설득력이 있고 조화로운 생각이다. 하지만 이것은 히틀러의 세계상의 전부가 아니라 절반에 불과하다. 다른 절반은 반유대주의인데, 이것의 근거 제시와 합리화를 위해서 그는 전혀 다른 '종족'〔인종〕

개념을 사용한다. 그렇다. 반유대주의를 위해 그가 많은 점에서 위의 개념과 모순되는 전혀 새로운 이론을 사용한다고 말할 수 있다.

지금까지 우리는 히틀러의 반유대주의를 단 한 번 짧게 언급했을 뿐이다. 히틀러의 전기를 검토할 때, 큰 도이치 민족주의가 나오기도 전에 반유대주의가 우선적으로 확고해졌음을 밝혔다. 하지만 앞으로는 싫어도 모든 장에서 반유대주의를 다루어야 한다. 유대인에 대한 평가는 그의 잘못된 생각들 중에서 가장 많은 결과를 가져온 것일 뿐만 아니라, 유대인 정책은 그의 실제 정책에서 첫 번째로 잘못된 행동이기 때문이다. 그는 유대인에게 가장 무거운 범죄를 저질렀다. 그리고 마지막에 독일을 배신할 때도 반유대주의 강박증이 적지 않은 역할을 했다. 여기서는 히틀러의 반유대주의 이론에서 잘못된 생각이 무엇인가를 다룬다.

이것은 그 자체로 하나의 이론이다. 그리고 위에서 잠깐 언급한 민족이론이라 부를 만한 이론하고는 아주 대단한 묘기를 동원해야만 겨우 하나의 틀 안에 넣을 수 있다. 민족이론에서는 역사 전체가 생존 공간을 놓고 벌이는 민족들의 지속적인 싸움이었다. 반유대주의 이론에서 우리는 갑자기 그것이 역사 전체가 아니었음을 알게 된다. 히틀러에 따르면 민족들의 싸움과 나란히 역사에서 또 다른 지속적인 내용이 있는데, 곧 인종 싸움으로서, 그것은 백인, 흑인, 황인종 사이에 벌어지는 싸움이 아니라(백인, 흑인, 황인종 사이에 나타나는 실질적인 종족 차이에 대해서 히틀러는 도무지 관심이 없었다.) 백인종 내에서 벌어지는 싸움, 곧 '아리안'과 유대인 사이의 싸움이다. 그러니까 이것은 유대인과 다른 모든 종족들 사이의 싸움으로서, 그들은 보통 때는 끊임없이 서로 싸우다가도 유대인에 맞서서는 모조리 한편이 되는 것이다. 이 싸움은 생존공간만이 아니라 말 그대로 목숨 자체가 문제가 되는 것으로, 멸종을 지향하는 싸움이다. '유대인'은 모든 사람의 적이다. "유대인의 최종 목적은 다른 민족들의 탈脫민족화, 서로 뒤얽힌 사생아로 만들기, 최고 종족의 수준을 낮추기, 민족의 지식인을 멸종시키고 대신 자기 민족의 일원으로 대체함으로써 죽처럼 뒤섞인 종족들을 지배하기"이다. 그것만이 아니다. "유대인이 마르크스주의 신앙고백의 도움을 받아 이 세계의 민족들에 대해 승리를 거두면 그 왕관은 인류의 죽음의 관이 될 것이다. 그러면 이 행성은 다시 수백만 년 전처럼 인간 없이 에테르 사이를 떠돌 것이다." 유대인은 '민족의 지식인'을 멸종시킬 뿐만 아니라 분명히 인류 전체를 멸종시키려 한다. 그렇다면 물론 전 인류가 그들을 멸종시키기 위해 힘을 합쳐야 할 것이다. 그리고 실제로 히틀러는 자신의 특성을 유대인 멸종자라 규정하고 특별히 독일 정치가가 아닌 전 인류의 선두에 서서 싸우는 자라고 주장했다. "내가 유대인을 방어함으로써 나는 주님의 일을 위해 싸우는 것이다." 정치적 유서에서 그는 '국제적 유대종족'을 '모든 민족의 독살자'라고 부르고, 1945년 4월 2일자로 된 마지막 보어만 구술에서는 다음과 같은 말로 끝을 맺고 있다. "내가 독일과 중부 유럽에서 유대인을 소탕한 것에 대해 사람들은 민족사회주의에 영원히 감사

히틀러에 붙이는 주석

할 것이다." 여기서 그는 자신이 국제주의자이며 인류를 행복하게 하는 자라고 주장한다.

우리는 여기서 비판은 하지 않고(이런 살인적인 헛소리를 비판 없이 그대로 인용하기가 매우 어렵지만), 그냥 서술만 하기로 한다. 하지만 단순한 서술이라 해도 세 가지 질문에 답변을 해야 한다.

첫째, 히틀러의 눈에 유대인이란 대체 무엇인가? 종교인가, 민족인가, 종족인가?

둘째, 히틀러에 따르면 다른 모든 민족에게 그토록 위험하고 그토록 끔찍한 운명을 얻다니 그들이 대체 무슨 짓을 한 건가?

셋째, 유대인과 다른 모든 종족들 사이에 벌어지는 영원한 싸움이라는 히틀러의 주장은, 모든 민족들 사이에서 벌어지는 똑같이 영원한, 그리고 똑같이 신이 원하는 싸움과 어떻게 하나로 합쳐지는가?

히틀러는 이 세 가지 질문에 답변을 찾으려고 노력했다. 물론 이 모든 답변들은 상당히 혼란스럽고 억지스럽다. 여기에 히틀러 사유세계의 너덜너덜한 가장자리가 나타난다.

첫째 질문에서 히틀러의 눈에 한 가지만은 분명하다. 유대인은 종교 공동체가 아니라는 것이다. 그는 그 어떤 근거도 제시하지 않은 채 이 말을 지치지 않고 되풀이한다. 하지만 이것은 근거 제시가 필요한 생각이다. 유대인의 종교가 있고, 거의 1900년 이상의 세월 동안 이리저리 흩어진 유대인을 하나로 붙잡아준 것이 바로 이 종교였다는 것은 모두의 눈에 분명하기 때문이다. 어쨌든 히틀러에게 그들은 종교 공동체가 아니다. 하지만 그들이 종족인지 아니면 민족인지에 대해서 히틀러는 완전한 설득력을 갖지 못했다. 그는 언제나 거듭 유대 종족에 대해 말하는데, 그것은 '나쁜 종족'이며 '다른 종족'이라는 이중 의미에서였다. 하지만 『나의 투쟁』 2권에서 그는 반유대주의 이론을 조심스럽게 가다듬고 있는데, 그들을 더욱 적절하게 민족이라 부르고, 심지어는 다른 모든 민족에게 인정해준 것을 그들에게도 인정해 주었다. "모든 민족이 자기 보존을 추진력으로, 지상에서의 모든 행동의 기본 방향으로 삼듯이 유대 민족도 마찬가지다." 하지만 곧이어서 이렇게 덧붙인다. "다만 여기서는 근본적으로 서로 다른 아리안 종족과 유대인의 성질에 따라 생존 싸움의 형식도 달라진다."

이로써 우리는 두 번째 질문에 대한 히틀러의 답변에 이르게 되는데, 〔이렇게 생존 싸움의 형식이 달라지는 것은〕 유대인이 본질적으로 국제적이고, 국가를 형성할 능력이 없기 때문이다. '유대인'이라는 것과 '국제적'이라는 것은 히틀러에게는 거의 동의어였다. 국제적인 것은 모조리 유대인의 것이었고, 이런 맥락에서 히틀러는 유대 국가에 대해 이렇게 말한다. "유대 국가는 공간적으로 규정된 적이 한 번도 없었고, 공간상 어디서도 제한이 없으며 다만 종족이란 맥락에서만 제한된다." 따라서 이 '유대 국가'는 '국제적 세계유대인'으로서 나머지 모든 국가들의 적이다. 유대 국가는 나머지 국가들에 맞서 온갖 수단을 다 동원하여 가차 없는 싸움을 한다. 외교적으로는 평화주의와 국제주의, 자본주의와 공산주의 등을 동원하고, 국내정치적으로는 의회주의와 민주주의를 동원해서 싸운다. 이는 모두 국가를 약화하고 파괴하는 수단이며, 모두 유대인이 창안한 것들이었다. 이 모든 것을 동원하여 유대인은 단 한 가지만을 바란다. 생존공간을 얻기 위해 싸우는(유대인은 간교하게도 이 싸움에 참가하지 않는데) '아리안' 민족들을 파괴하고 약화시키는 것, 그들 자신의 파괴적인 세계지배를 확실히 하는 것이다.

그리고 이로써 우리는 세 번째 질문에 대한 히틀러의 답변에 도달한다. 모든 민족들은 서로 생존공간을 두고 싸우느라 바쁘면서도 어째서 유대인에 맞서 힘을 모아야 하는가? 민족들은 생존공간을 두고 싸움을 해야 하기 때문에, 그리고 방해받지 않고 생존공간을 둔 싸움에 전념하기 위해서 그렇게 해야 한다는 것이 답이다. 유대인들은 이 멋진 게임에서 방해자 노릇을 한다. 국제주의와 평화주의, (국제적인) 자본주의와 (똑같이 국제적인) 공산주의 등을 동원하여 유대인이 '아리안' 민족들을 주요 과제와 임무에서 벗어나게 하고 있으니 독일만이 아니라 이 세상에서 아예 유대인이 사라져야 한다. 그들을 '치워'버려야 하는데, 가구를 치우듯이 다른 곳으로 보내는 것이 아니라 오점을 지우듯이 아예 지워 없애야 하는 것이다. 그들에게는 그 어떤 출구도 허락해서는 안 된다. 그들이 자신들의 종교를 거부한다 해도 그건 아무 의미도 없다. 그들은 종교 공동체가 아니라 종족이기 때문이며, 심지어 그들이 '아리안'과의 혼합을 통해 자기 종족에서 벗어나려 해도 일만 더욱 고약해질 뿐이다. 그로써 아리안 종족을 약화시키고, 각 민족이 꼭 필요한 생존 싸움도 할 수 없게 만들기 때문이다. 하지만 그들이 다른 민족에 흡수되어 소멸되고, 독일, 프랑스, 영국, 또는 다른 어떤 곳의 애국자가 되려고 하는 것은 무엇보다 나쁜 일이 된다. '민족들이 서로 전쟁을 하도록 몰아넣는 것'을 목적으로 하기 때문이다.(하지만 히틀러에 따르면 그런 전쟁이야말로 민족들의 의미가 아니던가?) 그리고 그 과정에서 돈과 선전의 힘을 동원해 스스로 그들의 주인이 되려고 하기 때문이다." 결국 유대인은 무엇을 하든지 무조건 부당하고, 어떤 경우라도 반드시 절멸되어야 하는 존재이다.

여기까지 보면 히틀러의 두 번째 이론, 곧 반유대주의 이론은 그의 첫 번째 이론인 민족이론과는 별개로 존재하며 민족이론과 한 틀에 집어넣기가 매우 어렵다. 이 둘이 합쳐져서 '히틀러주의'라고 부를 만한 내용을 이룬다. 즉 '강령 이론가' 히틀러의 사고로서, 어느 정도 그의 마르크스주의에 해당한다.

히틀러주의와 마르크스주의는 최소한 한 가지 공통점이 있다. 즉 세계사 전체를 단 하나의 관점으로 설명할 수 있다는 주장이다. "지금까지 사회의 역사는 계급투쟁의 역사이다."라는 말이 공산주의 선언에 나오는데, 그와 비슷한 것으로 히틀러에게서는 이런 말이 나온다. "세계사의 모든 사건은 종족들의 자기보존 충동의 표현에 지나지 않는다." 이런 명제들은 엄청난 암시의 힘을 갖는다. 그것을 읽은 사람은 갑자기 빛이 열린 것 같은 느낌을 받는다. 뒤엉킨 것이 단순해지고 어려운 것이 쉬워진다. 이런 명제는 그것을 자발적으로 받아들인 사람에게는 깨달음을 얻어 잘 알게 되었다는 아주 시원한 느낌을 줄 뿐 아니라 그것을 받아들이지 않는 사람들을 향해 어느 정도 분노가 뒤섞인 초조함을 갖게 한다. 이런 강력한 말 위에서는 언제나 다음과 같은 강력한 음이 울리고 있기 때문이다. "……그리고 나머지 모든 것은 사기다." 확고한 마르크스주의자와 확고한 히틀러주의자에게서 똑같이 우월 망상과 초조함이 뒤섞인 이런 감정을 보게 된다.

하지만 물론 '모든 역사'가 이것 또는 저것이라는 주장은 잘못이다. 역사는 원시림이며 거기엔 쉽게 뚫고 들어가 숲 전체를 해명할 숲 길 따위는 없다. 역사에는 계급전쟁과 종족전쟁이 있었고, 나아가 국가, 민족, 종교, 이데올로기, 왕조, 정당 등등 사이에 벌어진 전쟁도 (그리고 이쪽이 더욱 자주) 있었다. 어떤 상황에서 다른 공동체와 갈등 상황에 빠져들지 않는 인간 공동체란 도무지 생각할 수가 없으며, 역사에서 언제 어디선가는 늘 갈등 상황이 있었다.

하지만 이런 단언적 명제에 들어 있는 두 번째 잘못된 생각인데, 역사는 단지 전쟁으로만 이루어지는 게 아니다. 민족이나 계급은, 이들에 대해서만 이야기하자면 전쟁보다는 평화 속에서 훨씬 더 긴 역사의 시간을 보냈다. 그들이 그것을 이룩한 수단들은, 그들을 다시 전쟁으로 끌어들이는 원인만큼이나 흥미롭고, 역사적으로 탐구할 가치가 있다.

국가는 이런 수단 가운데 하나이며, 히틀러의 정치체계에서 국가가 아주 하위의 역할밖에 하지 못한다는 것은 특기할 만한 일이다. 우리는 전혀 다른 맥락인 히틀러의 성과 부분에서 그가 정치가〔국가의 사람〕가 아니었다는 놀라운 사실에 부딪혔다. 그는 심지어 전쟁이 시작되기 오래전에 독일이라는 국가의 특성으로 보이는 것을 모조리 파괴하는 데 온 힘을 기울였고, '국가 속의 국가들'이라는 혼돈으로 대체해버렸다. 이제 우리는 히틀러의 사고체계에서 이런 잘못된 행동의 이론적 근거를 보고 있다. 히틀러는 국가에 관심이 없었고, 국가를 전혀 이해하지 못했으며, 국가를 하찮게 여겼다. 오직 민족과 종족만이 중요할 뿐 국가는 중요하지 않았다. 그에게 국가란 '목적을 위한 수단일 뿐'으로, 한마디로 전쟁이라는 목적을 위한 수단이었다. 히틀러에게도 1933~1939년의 기간 동안 전쟁 준비가 없을 수 없었지만, 그가 만들어낸 것은 전쟁 기계일 뿐 국가가 아니었다. 그리고 이런 일은 반드시 뒤탈이 있는 법이다.

국가란 단순한 전쟁 기계가 아니기 때문이다. 그보다는 국가가 전쟁 기계를 갖는다. 그리고 국가는 반드시 한 민족의 정치적 조직이어야 할 필요도 없다. 민족국가라는 생각은 200년도 채 안 된 것이다. 역사상 대부분의 국가들은 고대의 대제국들이 그렇듯이 여러 민족을 포함했고, 오늘날에도 예를 들면 소련이 그렇다. 또는 한 민족의 일부만을 포함하는 경우도 있다. 고대의 도시국가들과, 지금의 두 독일이 그렇다. 그렇다고 그들이 국가이기를 포기하는 것도 아니며, 필연성을 잃은 것도 아니다. 국가라는 생각이 민족이라는 생각보다 훨씬 오래되었다. 국가는 전쟁을 위해 존재하는 게 아니라 그와는 반대로, 국민이 민족적으로 단일하건 아니건 안팎으로 국민의 평화를 유지하고 확보하기 위해 존재한다. 전쟁은 내전과 똑같이 예외적인 상태이며 국가의 비상 상태이다. 그런 예외와 비상 상태를 끝내기 위해서 국가는 권력을 독점하고 군대와 경찰을 둔다. 그러기 위해, 그리고 갈등을 극복하기 위해서이지, 다른 민족의 희생을 대가로 생존공간을 정복하거나 종족의 개선이나 세계지배권을 얻기 위해 전쟁을 하는 것이 아니다.

이 모든 것에 대해 히틀러는 아는 바가 없었다. 어쩌면 이렇게 말하는 편이 나을지 모르겠다. 그는 그런 것에 대해 알고자 하지 않았다. 히틀러의 세계관에서 의지意志주의의 특성을 간과할 수 없기 때문이다. 그는 세계를 자기가 보고 싶은 대로 보았다. 세계는 불완전하며, 전쟁과 곤궁과 고통으로 가득하고, 또한 시기심과 적대심과 두려움과 전쟁으로 얼룩진 국가들의 세계라는 것은 얼마나 맞는 말인가. 그리고 그런 것에 대해 헛된 망상을 품지 않는 것은 얼마나 옳은 일인가. 그런 것을 그냥 말로 하는 것뿐이라면 히틀러는 진실을 알고 사는 것뿐이다. 다만 그는 루터가 원죄에 대해 말할 때나, 비스마르크가 지상의 불완전함이라 부른 것을 똑바로 들여다볼 때 지녔던 슬프고도 용감한 진지함으로 말하는 것이 아니라, 니체가 탄식할 만한 일을 놓고 환호할 때처럼 갑자기 변한 목소리로 말한다는 것이 문제다. 히틀러에게는 예외 상태가 정상이요, 국가는 전쟁을 위해서 존재하는 것이었다. 바로 그로써 그는 잘못된 생각에 빠진 것이다. 세계는 그렇지 않다. 국가들의 세계도 그렇지 않다. 현실 국가 세계에서는 평화를 위해 전쟁이 수행된다. 방어전쟁이야 당연히 그렇지만 공격전쟁도 명분을 가지려면 마찬가지다. 전쟁이 평화조약이나 국가조약으로, 새로운 평화 상태로 끝날수록 대부분의 경우 이 평화 상태는 앞선 전쟁의 상태보다 훨씬 더 오래 지속된다. 무기로 결정을 내려야 한다면 마지막에 반드시 평화가 나타나야 한다. 그렇지 않으면 전쟁은 아무런 의미가 없는 일이 되고 만다. 다음 장에서 보게 되겠지만 히틀러는 그것을 보지 못했거나 보려고 하지 않았으니 그것은 그의 가장 치명적인 실수의 하나이다.

히틀러의 세계관에서 전쟁이란 오히려 정복전쟁이다. 곧 전쟁을 수행한 민족이 생존공간을 얻는 것, 패배국가의 지속적인 종속 (또는 멸종), 그리고 마지막으로 세계지배 등의 목적을 위한 정복전쟁이다. 또 하나의 잘못된 생각이다. 적어도 히틀러 시대에 이르기까지 유럽에서 게르만 민족 이동 이후로, 그러니까 대략 1500년 전부터 생존공간을 위한 전쟁은 없었다. 유럽은 속속들이 사람이 살고 있는 대륙이다. 민족들이 단단히 자리잡고 있다. 그리고 평화조약에서 이 지역 또는 저 지역이 국적이 바뀌거나 또는 폴란드처럼 아예 한 국가가 분할이 되는 경우라도, 그곳에 살던 주민들은 그대로 그곳에 살았다. 생존공간은 얻을 수도 잃을 수도 없고, 유럽에서는 생존공간을 두고 싸움을 하지 않게 된 것이다. 이렇게 1500년쯤 멈추었다가 히틀러가 비로소 유럽 역사에 다시 도입하였고, 독일에 무서운 결과를 가져왔다. 히틀러는 모든 전쟁의 의미로서 추방에 대해 설교하고, 점령한 폴란드에서 실제로 추방을 실행하기도 하더니, 결국은 도이치 사람들이 〔전후에〕 동유럽 지역에서 쫓겨나는 결과를 빚었다.

'생존공간'은 다른 이유에서도 잘못된 개념이었다. 20세기에는 생존공간을 두고 싸울 이유가 없기 때문이다. 히틀러가 한 민족이 거주하고 경작하는 면적의 크기로 그 민족의 복지와 힘을 계산했다면, 그가 '토지 정책'을 요구하고 추진했다면, 그는 산업혁명을 잊었거나 몰아낸 것이다. 산업혁명 이후로 복지와 권력은 토지의 크기보다는 기술의 수준과 관계가 있었다. 생존공간의 크기는 여기서 의미가 없다.

한 나라의 기술적 산업적 발전에서는 '생존공간'의 과도함, 곧 거대한 영토에 적은 인구가 오히려 핸디캡이 될 수 있다. 예를 들면 소련에서 지하자원이 매우 풍부하지만 인구가 별로 없는 시베리아 지역을 개발하고 발전시키는 일은 쉽사리 성공할 것 같지 않다. 어쨌든 오늘날 세계에서 가장 가난하고 허약한 몇 나라는 영토가 매우 넓고, 가장 부유하고 안전한 몇 나라는 영토가 극히 빈약하다. 생존공간 이론을 마음에 품고 있던 히틀러는 몇 가지 영역, 군사기술과 대중교통 등에서는 철저히 현대적으로 생각했으면서도 전체적으로는 산업혁명 이전 시대에 살았다.

하지만 히틀러도 지녔던 이런 잘못된 생각은 끈질긴 생명력을 지녔다. 산업혁명 이전 시대를 향한 향수와, 200년 전부터 점점 더 빠른 속도로 나타난 인간이 만든 '비인간적인' 세계에 대한 염증은 히틀러 시대에만 널리 퍼져 있었던 게 아니고 오늘날에도 여전히 강하기 때문이다. 히틀러의 생존공간 사상은 이런 향수와 염증을 통해 많은 동시대 사람들에게 명백한 것으로 보였다. 지도에서 독일은 그 강함과 숫자에 비하면 실제로 훨씬 작게 보이지 않던가? 물론 독일이 다시 농업국가가 되고자 한다면 —기묘하게도 히틀러는 이 점에서 모겐소●처럼 생각했는데—실제로 더 넓은 생존공간이 필요하다. 단지 그 경우에만 말이다.

20세기 전쟁에서도 결국은 세계지배가 문제라는 생각은 히틀러 이전부터 있었고, 또 그보다 오래 살아남았다. 1차 세계대전 이전에 이미 총리 베트만-홀베크Theobald von Bethmann-Hollweg의 고문관으로 매우 높은 교양을 지녔던 쿠르트 리츨러Kurt Riezler가 다음과 같이 썼다. "그 이념에 따르면…… 모든 민족은 성장하려 한다. 확장하고, 지배하고, 끝없이 정복하려 하고 점점 더 확고하게 결합하려 하고, 더욱 큰 것이 되고자 하며, 점점 더 높은 전체가 되고자 한다. 마침내 모두가 자신의 지배 아래서 하나의 유기체가 되기까지." 훨씬 거드름 피우는 표현만 빼면 영락없이 히틀러이다. 그리고 잘못된 생각이다. 모든 민족이 그런 목적을 가진 것은 아니다. 또는 예를 들면 스위스나

● 미국의 재무장관이던 헨리 모겐소(Henry Morgenthau, 1891~1967)는 1944년 8월에 이른바 '모겐소 계획'을 내놓았다. 당시 거의 끝나가던 2차 대전에서 승리를 거둔 다음 골칫거리인 독일을 농업국가로 전환하려는 계획이었다.

스웨덴 사람들은 민족이 아니란 말인가? 제국주의 시대 유럽의 강대국들조차 모두 정말로 세계지배를 추구했다고 할 수는 없다. 그들의 내면에는 여러 세기에 걸쳐 축적된 경험, 곧 서로를 없앨 수는 없으며, 오히려 패권을 향한 시도는 모조리 유럽 안에서 위협을 받고 마지막에는 강대국의 연합을 야기해 좌절하고 만다는 경험이 너무나 확고하게 자리잡고 있었기 때문이다.

빌헬름 황제시대의 '모든 도이치 연합'*을 주도한 사람들이 독일의 세계 권력을 꿈꾸었다면, 그건 독일이 다른 나라들과 나란히 '세계적 권력'이 되어야 한다는 뜻이었을 뿐이다. 그들은 유럽 대륙에서 독일의 패권에 기초하여 아시아와 아프리카에 식민지를 거느린 대제국을 생각한 것이지, 말 그대로의 의미에서 세계정복과 세계지배를 생각한 것은 아니었다.

그에 반해 히틀러가 세계지배를 말할 때는 분명히 말 그대로를 뜻했다. 비록 그의 생전에 독일이 러시아를 포함하는 전체 유럽의 패권을 차지하는 것 이상은 기대하기가 어려운데도 그랬다.(그는 식민지에는 거의 관심이 없었다.) 하지만 그가 유럽을 정복하여 만들고자 했던 '대 게르만 제국'은—여기서 민족들은 새로운 종족 서열에 따라 편입되는데—그다음 단계에서 정말로 세계지배를 위한 도약대가 될 예정

---

* 모든 도이치 연합der Alldeutsche Verband: 모든 나라에 있는 도이치 민족을 후원하려는 목적으로 1891년 결성된 도이치 민족주의 운동. 유럽과 해외에서 도이치 민족의 이익을 위한 활발한 정책을 촉진하고, 독일의 식민지 운동을 계속하여 실질적인 결실을 맺도록 후원하는 것을 목적으로 한다.

이었다.

  기술을 통해 위축되고 대량학살 무기들을 통해 위협을 받는 우리의 세계가 통합을 원하고, 그로써 세계지배라는 생각—세계통합, 세계정부, 세계지배 등 온갖 비슷비슷한 것들—을 다시 20세기의 이슈로 만든 어떤 요소가 여기에 있다. 히틀러가 이런 생각을 자기 것으로 만들었다는 것이 잘못은 아니다. 독일을 세계 패권의 후보로 보았다는 게 잘못이었다. 그의 시대에 독일은 의심할 바 없는 강대국이었고, 유럽에서는 가장 강한 나라였다. 하지만 그래도 여전히 여러 강대국의 하나였을 뿐이고, 유럽과 세계의 패권을 동시에 쥐려는 시도를 했다가 벌써 한 차례 실패를 맛보았다. 유럽의 단일화가 성공한다면—정복과 복종의 전쟁을 통해서 이룩할 수는 없는 일—독일을 포함한 통합된 유럽만이 세계지배를 놓고 벌어지는 경쟁을 어느 정도 견딜 수 있었을 것이다. 하지만 유럽의 통합이라니, 그건 유대인의 국제주의가 아닌가! 히틀러는 그런 국제주의가 아니라 민족에 기반을 둔 '큰 독일'이 홀로 종족 개선과 반유대주의를 동원하여 세계 패권을 성취할 수 있다고 믿었다. 사육이라는 의미에서의 종족 개선을 통한 독일의 생물학적 무장을 위해서는, 온갖 문제점을 다 제쳐두고라도 우선 여러 세대가 걸리는 일이다. 하지만 히틀러는 자기가 생각한 모든 것을 살아생전에 이루려고 했다. 반유대주의에 대해 말하자면 히틀러는 유대인뿐만 아니라 반유대주의자들에 대해서도 판단의 오류를 범했다.

앞에서 인용한 문서와 공개 발언만이 아니라 전쟁 시기에 나온 개인적인 구술에서도 입증되는 사실인데, 히틀러는 정말로 자신의 반유대주의로 독일의 문제에 대해 전 세계의 공감을 얻을 수 있을 것이라고 믿었다. 그러니까 독일의 문제를 어느 정도는 인류의 문제로 만들 수 있을 것이라 믿었던 것이다. 그는 세계 어디에나 반유대주의가 있다고 전제했다. 하지만 히틀러가 생각하는 뿌리째 없애는 반유대주의는 동유럽을 빼고는 어디에도 없었다. 그는 동유럽에서 반유대주의 생각을 얻었다. 우크라이나, 폴란드, 리투아니아 사람들의 명예를 위해 반드시 말해두어야 하는 일이지만, 동유럽에서도 반유대주의는 히틀러가 망상한 것처럼 유대인이 '아리안' 사람들을 노예로 삼거나 근절시켜 버리려는 세계적 음모를 꾸몄기 때문이 아니라, 그곳의 유대인들이 단단히 결속한 이민족으로 살았다는 단순한 이유에서 그랬다. 다른 어디서도 유대인들은 그렇게 행동하지 않았다. 그리고 다른 곳의 반유대주의는 어디서도 유대인의 근절 또는 '치우기'가 목적이 된 적이 없었다.

반유대주의는 대부분의 경우에 종교적 특성을 지녔다. 가톨릭교회는 제2차 바티칸 공의회 이전까지는 공개적으로 유대인을 이교도로 여겨 맞서 싸웠다. 가장 널리 퍼져 있는 이런 종교적 반유대주의의 목적은 유대인의 근절이 아니라 개종이었다. 그들이 그리스도교로 세례를 받으면 그것으로 끝이었다.

그 밖에 나라에 따라서 사회적인 반유대주의가 있었다. 여기서 유대인들은 돈을 빌려주는 대부업자로서 미움을 받았다. 하지만 유대인이 해방되기 이전 시대에는 그것이 그들에게 허용된 유일한 직업이었다. 역설적으로 들리겠지만 이런 사회적 반유대주의는 근본적으로는 유대인의 해방을 목적으로 삼았다. 유대인이 대부업자 노릇 말고 다른 일을 할 수 있게 되면 이런 종류의 반유대주의는 사라졌다. 예를 들어 예외적으로 존재하던 유대인 의사도 좋은 평판을 얻으면 사람들이 몰려들곤 했다.

　마지막으로 유대인 해방 이후에 생겨난 새로운 반유대주의가 있는데, 이것은 경쟁에 의한 반유대주의라 부를 수 있을 것이다. 유럽에서 대략 19세기 중반에 이루어진 유대인의 해방 이후 유대인들은 많은 나라에서 일부는 재능으로, 일부는 널리 인정되고 있듯이 결속을 통해서 많은 영역에서 매우 눈에 띄게 주도적인 지위를 차지했다. 특히 문화 영역에서 그랬지만, 의학, 변호사직, 언론, 산업, 재정, 학문, 정치 등의 분야에서도 마찬가지였다. 그들은 지상의 소금까지는 아니더라도 많은 나라에서 수프의 소금임을 입증했다. 그들은 일종의 엘리트 계층을 이루었는데 바이마르 공화국에서, 적어도 바이마르 공화국 시절의 베를린에서는 심지어 일종의 두 번째 귀족층을 이루었다. 이로써 그들은 자연스럽게 경탄만이 아니라 질투와 거부감도 불러일으켰다. 이런 이유에서 반유대주의자가 된 사람은 유대인에게 따끔하게 교훈을 주었다. 그들이 약간 겸손해지기를 원했던 것이다. 하지만 근절이라니 천만에! 히틀러가 특수한 종류의 살인적인 유대인 망상과 증오를 지닌 채 모든 나라의 반유대주의자들에게 불러일으킨 반응은 처음에 그가 말로만 떠드는 동안에는 그냥 머리를 젓는 정도였다. 나중에 그가 정말로 행동에 옮기자 그들은 크게 경악했다. 당시 널리 퍼져 있던 반유대주의자들도 히틀러가 퍼뜨린 유대인에 대한 잘못된 생각이나 잘못된 학설들에는 거의 공감하지 않았다. 히틀러의 잘못된 생각을 여기서 잠깐 비판하기로 하자. 아주 짧게. 앞에서도 보았듯이 그냥 서술만 하기도 역겨우니까.

히틀러가 아무리 유대인은 종교 공동체가 아니라는 말을 해대도 그 말이 틀렸다는 것을 누구나 안다. 유대인의 종교는 전 세계의 눈앞에 거대한 암벽처럼 분명하게 드러나 있다. 최초의 그리고 아직도 가장 순수한 유일신 종교로서, 이름 없고 형태도 없고 잡을 수도 없고 알 수도 없는 신이라는 엄청난 생각이 조금도 얕아지거나 약해지지 않고 유지된 종교이다. 그리고 이리저리 흩어진 신도들이 1900년 동안이나 이따금 한 번씩 호된 박해를 받는 동안에도 그들을 신앙공동체로서 결집시킬 수 있었던 아마도 유일한 종교다. 히틀러는 그 점을 보지 못했다. 완전히 정직하게 보지 못했던 것이다. '섭리'니 '전능하신 분' 따위의 습관적인 수사적 발언들은 많았어도, 그 자신이 비종교적일 뿐만 아니라 다른 사람들에게 종교가 무엇을 뜻하는지 감지할 그 어떤 감각기관도 없었기 때문이다. 그 점은 그가 그리스도 교회를 대하는 데에서 분명히 드러났다.

그에 반해 유대인은 분명히 종족을 가리키는 말이 아니다. '종족'

이라는 개념을 백인종의 다양한 계통과 변종을 뜻하는 것이라고 생각해도 마찬가지다. 예를 들어 오늘날의 이스라엘은 극단적으로 다양한 종족이 모인 국가이며, 방문객은 눈으로 직접 확인할 수 있다. 어째서 그런지도 우리는 안다. 유대교가 언제나 전도를 하고 개종시키는 종교였기 때문이다. 로마제국에서 백인종의 온갖 대표적인 민족, 혈통, 변종들에 속하는 사람들이 후기 로마 시대에 유대교도가 되었다. 물론 당시 그리스도교도가 된 사람들만큼 많지는 않았지만. 어쨌든 유대교와 그리스도교는 수백 년 동안이나 경쟁적으로 전도 활동을 했다. 소수이기는 해도 심지어는 흑인이나 황인종 유대인도 있다. 아르투어 쾨스틀러*는 최근에 히틀러에게 최악의 기습을 당한 동부유럽 유대인들 대다수가 아마도 셈족이 아니고 원래 볼가 강과 코카서스 사이에 자리잡은 투르크 일족인 하자르의 후손들이라는 것을 믿을 만한 사실로 만들었다. 그들은 중세에 유대교를 받아들이고 뒷날 서쪽과 북서쪽으로 이주했다.(이렇게 보면 '반유대주의'라는 낱말 자체도 정확하지 않지만, 일단 자리잡은 것이니 그대로 사용한다.)

그렇다면 유대인을 민족이라고 부를 수가 있을까? 그에 대해서 이야기해보자. 그들에게는 흔히 민족임을 가장 분명하게 알아볼 수 있는 것, 곧 공통의 언어도 없다. 영국의 유대인은 영어를, 프랑스 유

---

* 아르투어 쾨스틀러(Arthur Koestler, 1905~1983): 오스트리아-헝가리 이중제국 출신 유대인 작가. 주로 도이치어와 영어로 글을 썼다. 영어권에서는 아서 쾨슬러.

히틀러에 붙이는 주석

대인은 프랑스어를, 독일의 유대인은 도이치어를 쓰는 식이다. 그리고 대부분의 유대인은 대등한 시민권을 받은 뒤에는 각각 조국의 훌륭한 애국자가 되었다. 많은 경우 특히 독일에서 특별한 애국자가 되었다. 그렇지만 국경선을 넘어 유대인의 소속감, 연대감, 민족감정이 오늘날에는 특히 이스라엘과의 유대감으로 나타나고 있음을 간과할 수는 없다. 오랫동안 자신들의 국가를 갖지 못한 민족들에게는 흔히 종교가 민족적 접착제 노릇을 한다. 그래서 폴란드 사람과 아일랜드 사람의 가톨릭 종교에는 종교적 요소 말고도 분명하게 알아볼 수 있는 민족적 요소들이 있다. 폴란드 사람이나 아일랜드 사람보다 훨씬 더 오랫동안 나라 없이 살아온 유대인들의 경우에 민족을 결합시키는 종교의 민족주의적 힘은 아마도 훨씬 더 강했을 것이다. 그 밖에도 툭하면 나타나곤 하던 박해가 유대인을 결속시키는 나머지 몫을 했다. 그리고 종교(와 박해)에서 비롯된 결합의 힘은 종교를 벗어던진 개인들에게도 종교를 떠난 직후에는 영향을 미친다. 그리고 이런 것은 다른 종교의 신자들에게서도 볼 수 있다. 과거 개신교도나 가톨릭교도였던 사람은 지금 개신교도와 가톨릭교도만큼이나 그 사고방식이 서로 다르다. 그들의 정신적 태도는 아버지와 조상들에게서 여러 세대에 걸쳐 만들어진 것이다. 유대교처럼 강력한 종교에서 벗어난 사람들에게 그 종교의 영향이 사라지기까지는 여러 세대가 걸리는 일이다.

하지만 이런 것들 때문에 반유대주의자가 되지는 않는다. 하물며 히틀러가 처음부터 유대인들에게 보인 것 같은 살인적 증오와 근절 의지를 지니고 유대인을 박해할 이유는 아니다. 히틀러 방식의 유대인 증오는 오직 병적인 현상이라고밖에 말할 수 없다. 히틀러가 그런 증오심의 이유로 나중에야 제시한 것, 곧 모든 '아리안'을 근절하기 위해 유대인이 세계적인 음모를 꾸민다는 것은 단순한 생각의 오류가 아니라 편집증적인 오류이기 때문이다. 아니면 그도 아니고 미리 마음먹은 살인 의도를 상상력을 동원하여 합리화한 것이다. 어쨌든 이것은 전혀 앞뒤가 맞지 않는다. '세계 유대인'은 히틀러가 날조하여 덮어씌운 저 어두운 목적을 가지지 않았을 뿐 아니라, 아예 공통된 목적도 없었다. 반대로 히틀러 시대 유대인은 3천 년 유대인의 역사에서 이토록 서로 찢기고 성향이 극히 다양하게 갈라진 적이 없을 정도였다. 전통적인 종교와 현대적인 세속화 사이에서, 동화同化와 시오니즘 사이에서, 민족주의와 국제주의 사이에서 그렇게 갈라졌다. 모든 거대한 정당들과 세계의 분열들이 모조리 유대인의 한가운데를 뚫고 지나갔고, 유대인의 해방 이후로 그들은 이전과는 전혀 다르게 세계에 편입되었다. 1세기 또는 반세기 전부터 동화, 개종, 혼인 등을 통해 그들은 유대인 신분을 완전히 의도적으로 포기하고 각각의 고국에 흡수 통합되었다. 그리고 이 과정이 독일에서처럼 그토록 확신을 가지고 충심으로 이루어진 곳도 없었다. 물론 많은 유대인들 사이에서 쓰라린 저항도 있기는 했다. 짧게 말해서 히틀러가 그토록 강력하고 악마적인 모반자 공동체로 여긴 유대인들은 끔찍한 그의 박해가 덮쳤을 때, 실은 전에 없이 허약해져서 온갖 종류의 위기를 맞이한 공동체, 여러모로 해체가 시작된 공동체였다. 잘 알려져 있듯이 그들은 도살대에 끌려가는 양들처럼 끌려갔다. 자기들만의 상상 속에서 용을 죽인 용사들은 아무런 저항도 하지 못하는 사람들을 죽였던 것이다.

실수
- 잘못된 행동들

Anmerkungen
zu Hitler

히틀러가 행한 잘못을 탐색하는 길에는 두 가지 방해물이 있다. 한 가지는 앞서 히틀러의 잘못된 생각을 다룰 때 이미 만난 것과 동일한 것이다. 히틀러가 생각한 것은 그걸 생각한 사람이 히틀러니까 처음부터 알아보지도 않고 모조리 틀린 것이라고 말하고 싶은 것과 같은 경향이, 히틀러가 행한 것은 그것이 히틀러가 행한 것이니까 무조건 잘못이라고 여기고 싶어하는 마음에도 들어 있다. 충분히 이해가 가는 바이지만 그런 선입견은 인식과 판단력을 키우는 데는 도움이 안 된다.

또 다른 방해물은 오늘날 역사 연구를 지배하는 경향으로, 역사쓰기를 가능한 한 정밀한 과학에 접근시켜 법칙성을 찾아보려는 경향으로, 그런 법칙성이 가장 잘 나타나는 것으로 보이는 사회적·경제적 발전 과정을 주된 관찰 대상으로 삼는다. 그에 따라 역사에서 정치적 요소의 역할은 줄어들고, 특히 개인들, '위대한 남자들'이 역사의 흐름에 미치는 결정적인 영향을 거부하려고 한다. 물론 히틀러는 이런 경향에 잘 들어맞지 않는다. 그런 경향을 좇는 사람은, 15년 동안 정치적으로 활동한 한 개인이 제대로 행한 것이 무엇이고, 잘못한 것이 무엇인지를 탐색하라는 것은 진지한 역사가에게 무리한 요구라고 느낄 것이다. 그 과정에서 그의 개인적인 인물 특성들을 느끼지 않을 수 없는데, 특히 히틀러처럼 그토록 다가가고 싶지 않은 인물이 주제라면 더 말해 무엇하랴. 그런 건 모두가 시대에 뒤떨어진 일인데!

하지만 역으로 히틀러와 같은 현상은 이런 역사학의 방향이 길을 잘못 들어선 것임을 입증한다고 여길 수도 있다. 레닌과 마오쩌둥 같은 현상들은 직접적인 영향이 주로 자기들의 나라에 한정되었다면, 히틀러는 전 세계를 새로운 방향으로 나아가게 하였다. 물론 그가 의도한 것과는 전혀 다른 방향이었지만. 이런 사정은 그의 경우를 아주 복잡하고도 흥미로운 것으로 만들어준다.

진지한 역사가라도, 히틀러가 없었다면 20세기의 세계 역사가 지금과 똑같이 흘러갔을 것이라고 주장할 수는 없을 것이다. 히틀러가 없었다면 2차 세계대전이 일어났을지 분명히 말하기는 힘들다. 하지만 2차 세계대전이 일어났어도 지금과는 전혀 다르게 결말이 났으리라는 것만은 확실하다. 아마도 전혀 다른 동맹국과 전선과 결과들을 가져왔을 것이다. 오늘날의 세계는 우리 마음에 들든 안 들든 분명히 히틀러의 작품이다. 히틀러가 없었다면 독일과 유럽의 분할이 없었을 것이다. 히틀러가 없었다면 미국과 소련이 베를린에 주둔하지 않았을 것이다. 히틀러가 없었다면 이스라엘이 없었을 것이고, 히틀러가 없었다면 식민지 해방도 없었을 것이다. 적어도 그토록 **빠른** 해방은 아니었을 것이고, 또한 아시아·아랍·아프리카의 해방과 유럽의 추락도 없었을 것이다. 더 정확히 말하자면 히틀러의 실수가 없었다면 그런 일들은 일어나지 않았을 것이다. 분명 그 자신이 전혀 원하지 않은 바였으니까.

히틀러처럼 평균 이하의 짧은 생애 동안에 세계를 그렇게 근본적으로 그리고 지속적으로 변화시킨 인물을 찾아보려면 역사를 한참이나 거슬러 올라가야 한다. 아마 알렉산드로스 대왕 정도쯤 가야 할 것이다. 하지만 역사를 통틀어 유사한 예를 전혀 찾아볼 수 없는 것도 있으니, 곧 히틀러처럼 엄청난 성과를 이루고도 자기가 원하는 것과는 정반대의 작용을 남긴 사람은 없는 것이다.

히틀러가 원한 것은 유럽에서 독일의 패권과 러시아에 대한 직접 통치, 그 밖에는 아프리카와 아시아 대부분과 오세아니아 국가들에 대한 유럽의 지배를 유지하는 일이었다. 옛날 유럽의 해외 식민지와 새로 독일의 식민지가 된 러시아를 맨 아래에 놓고, 나머지 유럽 국가들을 이웃국가, 보조국가, 위성국가, 그리고 겉보기만 또는 절반만 독립적인 동맹국 등의 등급으로 나누어 중간 단계로 하고, 독일이 맨 꼭대기로 올라가는 권력의 피라미드를 만드는 일이었다. 독일이 지배하는 이런 거대한 권력체는 뒷날 세계지배를 두고 유럽이 미국 및 일본과 싸움을 벌일 때 좋은 전망을 제공하게 될 것이다.

히틀러가 실제로 남긴 영향은 독일을 분할하여 서유럽에서의 미국의 패권과 동유럽에서의 러시아의 패권, 그리고 유럽 국가들이 지배하던 식민지의 해체였다. 두 개의 권력 꼭짓점을 가진 세계, 여기서 유럽의 옛날 식민지들은 갑작스러운 독립과 더불어 어느 정도 바보의 자유를 누리지만, 유럽은 (다시 등급을 정해) 두 초강대국가에 종속되었다. 독일은 처음에는 국가로서의 정체성을 완전히 잃은 채로 맨 밑바닥 지하실로 떨어졌다가, 분할되고 점령된 채로나마 미국, 러시아와 독립적인 동맹국의 상태를 회복하는 데 20년 이상의 세월이 걸렸다. 나머지 유럽은 독립적 동맹국 상태에 머물렀다.

달리 말하자면 히틀러는 아무것도 이루지 못한 채 오로지 끔찍한 것들만 만들어냈다. 역사상 다른 어떤 '위대한 사람'도 해본 적이 없는 방식으로 엄청나게 많은 사람들을 죽였다. 대단한 결과를 불러왔을 그의 목적에 대해 제대로 논의된 적이 없고, 그가 두 번이나, 즉 1938년 가을과 1940년 여름에 자신의 진짜 목적에 거의 다가갔었다는 사실에 대해서도 제대로 논의된 적이 없다. 그러니만큼 그가 이미 절반쯤 성취한 것을 모조리 정반대로 바꾸어버린 잘못들을 찾아내는 일은 한가한 놀이가 아니라 진지한 역사 관찰이고, 히틀러의 성격의 특성들을 살펴보는 것도 쓸데없는 호기심만은 아니다. 그가 행동으로 옮긴 잘못들은 대부분 그가 속에 지니고 있던 결점들에 뿌리를 두고 있다.

하지만 부분적으로는 그의 잘못된 생각에도 뿌리를 두었다. '강령 이론가' 히틀러는 적어도 하나의 잘못─1933년부터 드러난 최초의 잘못―을 정치가 히틀러에게 제공했다.

앞의 장에서 우리는 히틀러의 세계사 이론에서 두 가지 전혀 다른 줄거리들이 나란히 흘러가고 있음을 보았다. 우선 민족들 사이의 영원한 싸움, 더 정확하게 말하자면 생존공간과 통치권, 혹은 정복을 두고 벌어지는 싸움이 있는데, 승리한 민족이 세계를 지배하는 것으로 끝난다. 또 다른 것은 모든 백인 민족들이 공통으로 유대인에 맞서 벌이는 싸움이다. 정치가 히틀러는 이런 강령에 따라 처음부터 두 가지 전혀 다른 목적을 추구했다. 한편으로는 유럽에 대한 독일의 지배권, 다른 한편으로는 유대인 '치우기', 이 말로 그는 멸종을 표현했다. 하나는 다른 하나와 전혀 상관이 없다. 이 두 가지 의도는 서로 방해가 되기까지 한다.

정치에서 두 가지 목적을 동시에 추구하는 것은 언제나 잘못이다. 게다가 첫째 목적이 아주 거대한 것이어서 모든 힘을 극단적으로 집중하고도 덧붙여 엄청난 행운의 덕을 입어서만 성취할 수 있는 것이라면 더욱 그렇다. 유럽을 지배한다는 목적은 지금까지 그것을 추구한 사람이 모조리 실패했다. 신성로마제국의 카를 5세, 스페인의 펠리페 2세, 프랑스의 루이 14세, 그리고 나폴레옹이 그들이다. 그렇다고 해도 전망이 없다 하며 새로운 시도를 처음부터 중단할 무조건적인 이유는 아니었을 것이다. 스페인이 16세기에, 프랑스가 17세기와 19세기에 실패한 일을 독일이 20세기에 이룩할 수 있다고 생각하는 건 가능하니까. 하지만 그러기 위해선 특성상 처음부터 예상되는 강력한 저항에다가, 이 일과는 무관하기에 꼭 필요하지도 않은 저항 하나를 덧붙여서는 안 되는 일이었다. 유럽을 정복하려는 자는 처음부터 예측할 수 있는 바 유럽에서 만들어내는 적의 숫자에다가, 여기저기 흩어져 있지만 전 세계에서 영향력을 (그리고 국내에서도) 가진 적들까지 덧붙여서는 안 된다. 그것은 잘못이었다. 특히 나중에 덧붙인 적敵이 전에 가장 좋은 친구였다면 더욱 그렇다. 유대인들은 히틀러가 적으로 만들기 전까지는 독일의 가장 좋은 친구였다.

이런 관찰에서는 여러 나라의 정치에 미치는 유대인의 영향이 얼마나 크다고 보느냐는 그리 중요하지 않다. 히틀러는 그들의 영향력을 과대평가했던 것 같다. 그렇다면 그런 사람들을 자기편으로 붙잡아둘 일이지, 아무런 근거도 없이 적의 편으로 넘어가게 해서는 더더욱 안 될 일이었다. 히틀러 이전까지 세계에서 유대인의 영향력은 독일에 특히 우호적인 것이었으니 말이다. 이에 대해 1차 세계대전의 적국들은 할 이야기가 많다. 미국에서 유대인의 영향력은 오랫동안 그리고 아주 분명하게 미국이 연합군에 들어가는 것을 가로막는 역할을 했다. 러시아에서는 독일에 의해 성공적으로 추진된 차르 제국의 혁명화에 상당한 역할을 했다. 히틀러는 반유대주의를 통해서 꼭 그럴 필요가 없는데도 전 세계에 추가로 적을 만들었다. 친구를 적으로 만들었고, 전에는 저울에서 독일 편에 놓이던 무게를 적의 편으로 돌렸으니, 이중으로 손해였다.

하지만 히틀러가 처음부터 반유대주의로 독일에 불러들인 핸디

캡은 이것이 전부가 아니다. 반유대주의는 처음에는 독일의 유대인에게 꾸준히 지속된 모욕, 중상, 차별 등으로만 나타났고, 마지막의 끔찍한 모습은 아직 알려지지 않았다. 하지만 친구를 적으로 만들기에는 모욕만으로 충분했다. 그리고 독일의 유대인은 히틀러 이전까지는 대규모로, 일부는 히틀러를 넘어 히틀러에도 불구하고 독일에 완전히 빠져 있었다.

유대인들은 해방된 이후로 모든 서방 국가에서 훌륭한 애국자들이었다. 하지만 이들 유대인의 애국주의가 독일에서처럼 빛나고도 매우 감정적인 경우는 없었다. 유대인이 히틀러 이전까지는 독일과 사랑에 빠졌다고 말할 수 있을 정도다.(외르크 폰 우트만Jörg von Uthmann은 『도펠갱어, 너 창백한 친구여』라는 책에서 이런 유별난 유대인 – 독일인 친밀감의 근거를 파헤치려는 시도를 했다.) 그리고 여기서 물론 유대인이 사랑을 보내는 쪽이고, 독일인들은 기껏해야 아부를 받는, 약간 당황해하며 유대인 동지들의 흠모를 받는 쪽이었다. 그것을 유대인의 들이댐으로 여겨 거부하지 않는 한은 그랬다. 이런 유대-독일인 사랑의 관계는 문화 영역에서 몇 가지 경이로운 꽃을 피워 올렸다. 사무엘 피셔*와 그의 작가들, 또는 막스 라인하르트**와 그의 배우들을 생각해

---

* 사무엘 피셔(Samuel, Fischer, 1859~1934): 독일의 대표적인 출판사인 피셔S. Fischer 출판사의 창설자. 유대인. 수많은 유명한 책들이 이 출판사에서 나왔다.
** 막스 라인하르트(Max Reinhardt, 1873~1943): 오스트리아 태생의 유대인 연출가. 1933년까지 베를린의 여러 극장에서 일했다. 베를린의 '도이치 극장'과 빈의 '요제프슈타트 극장'에서 동시에 작

보라. 그리고 독일의 유대인들은 20세기의 처음 33년 동안 지성과 문화 영역에서, 그리고 과학과 경제에서도 처음으로 영국과 프랑스를 분명히 앞지르는 데 지대한 공을 세웠다.

하지만 1933년에 이 모든 것이 끝났다. 히틀러는 독일에서 대부분의 유대인들의 순종적 사랑을 증오로 바꾸어놓았고, 또한 유대인 친구들에게 신의를 지킨 독일인들—분명 대다수는 아니지만 또한 가장 형편없는 계층도 아닌—까지 적으로 만들었다. 독일 안에서 히틀러 파동에 대해 수동적인 저항이나마 꾸준히 지속하게 만든 힘은 그의 반유대주의에서 비롯된 것이었다. 소수의 사람들이, 완전히 사라지지 않은 소수가 이렇게 조용히 동참하지 않은 것이 히틀러를 어느 정도 약화시켰는가는 물론 일일이 계산할 수 없는 일이다. 예를 들어 도이치어 문학에서 이름을 얻은 거의 모든 사람이 이민을 떠났다는 사실도 히틀러를 그다지 괴롭히지는 않았다. 하지만 헤아리기는 어려워도 그것은 세계에서 히틀러가 이끄는 독일의 평판에 처음부터 해를 입힌 일이었다. 히틀러의 반유대주의가 독일의 과학계에 가져온 인재 유출은 그보다 심각했다. 이민을 떠난 것은 아인슈타인을 선두로 한

업했다. 오늘날까지도 도이치 언어권에서 가장 중요한 연극학교인 빈의 '막스 라인하르트 세미나'가 그의 다양한 아이디어를 실현시켰다. 도이치 연극계에 새로운 차원을 도입한 사람으로 평가된다. 작가 호프만스탈과 더불어 잘츠부르크 축제를 시작했고, 영화감독으로도 이름을 얻었으며, 할리우드에서도 '라인하르트 연극학교'를 시작하여 몇 명의 출중한 배우들을 배출했다. 그의 영화들은 나치에 의해 금지되었다. 미국에서 사망.

유대인 과학자들만이 아니었다. 유대인이 아닌 중요한 과학자들도 유대인 동료나 스승을 따라 떠났고, 이전에 대거 독일로 들어오던 외국인 학자들도 사라졌다. 히틀러 이전까지 핵연구의 세계적 중심지는 괴팅겐이었다가 1933년에 그 중심지가 미국으로 이동했다. 히틀러의 반유대주의가 아니었다면 미국이 아니라 아마도 독일이 가장 먼저 핵폭탄을 개발했으리라는 생각은 상당히 흥미로운 것이다.

히틀러가 반유대주의로 자신의 권력욕에 처음부터 헤아릴 수 없을 정도의 핸디캡을 불러왔다는 것은 의심의 여지 없이 그의 첫 번째 잘못이었다. 아직도 여전히 과소평가되고 있는 잘못이다. 물론 여기에 다른 잘못들이 덧붙여진다.

히틀러의 반유대주의가 처음부터 독일에 불러들인 폐해에도 불구하고 히틀러가 두 번이나 자신의 목적에 매우 가까이 다가갔다는 사실은 그대로 남기 때문이다. 1938년 가을에 영국과 프랑스의 완전한 동의를 받아 동유럽에서 독일의 패권이 인정되었을 때와, 1940년 여름에 프랑스에 대해 승리하고 또 다른 많은 나라들을 점령함으로써 러시아 이편의 유럽 대륙 거의 전체가 그의 발치에 놓였을 때였다. 그것은 필연적으로, 유럽에서 독일의 지배 또는 패권이 그 자체로 이미 유토피아적 몽상이 아닌지, 그러니까 히틀러의 이런 목적 자체가 이미 처음부터 잘못이 아니냐는 질문을 하게 만든다.

만약 오늘날 이렇게 물으면 별다른 논란 없이 일반적으로 그렇다는 쪽으로 답이 나올 것이다. 오늘날 서독 사람들도 그렇게 답변할 것이고, 특히 아버지와 할아버지 세대가 그런 목적을 갖다니, 정신병자처럼 바라보는 젊은 세대는 더욱 그럴 것이다. 어쨌든 이들 아버지와 할아버지들, 곧 1차와 2차 세계대전을 겪은 두 세대는 대다수가 이런 목적을 합리적이고 실현 가능한 것이라 여기고 거기 열광했으며, 드물지 않게 그것을 위해 목숨을 바쳤다는 것을 분명히 해두어야 한다.

물론 그렇다고 해도 이 목적이 달성 가능한 것이었는지 바람직한 것이었는지에 대해서는 아직 무슨 말을 한 것이 아니다. 오늘날 이 질문에 그렇다고 대답할 사람은 거의 없을 것이다. 하지만 1938년 가을 혹은 1940년 여름의 유럽을 되돌려서 잠깐 정지 화면을 만들어 관찰하고, 이어서 히틀러 이후 유럽의 어두운 상태와 히틀러 이전의 세계 상황을 비교해보면, 분명 깊은 생각에 잠기게 된다. 히틀러 이전 세계의 상황을 유지하려고 한다면 유럽은 정말로 통합해야만 했던 게 아닌가? 이런 통합은 폭력의 도움 없이 이룰 수 있었는가? 또한 적어도 처음 단계에서는 가장 강한 세력의 지배가 필요하지 않았는가? 그리고 가장 강한 세력은 당시 독일이 아니었던가? 어쨌든 두 세대 동안은 그렇다고 답할 사람들이 독일 국민뿐만은 아니었다. 1938년과 1940년의 사정은, 독일뿐 아니라 유럽 사람들도 망설이기는 하겠지만 유보 조항을 둔 채로 "그렇다."라고 대답할 상황이었다. 그리고 1945년 이후의 상황을 보면 그 대답은 결코 틀리지 않았다. 아니면 적어도 그들이 생각한 독일이 히틀러의 독일만 아니었다면 틀린 것이 아니었다.[*]

히틀러가 지배하는 유럽이란 의심의 여지 없이 악몽이 되었을 것이다. 히틀러가 통치한 독일이 유대인 박해와 수용소, 헌법을 뒤죽박죽으로 만든 일, 법을 해체한 것, 강제된 문화 지방주의 등을 포함하여 여러 점에서 악몽이었던 것을 보면 그렇다. 하지만 그렇다고 다른 것을 놓쳐서는 안 된다. 19세기 유럽의 세력 균형 체제는 20세기에는 가능하지 않았다는 점 말이다. 1차 세계대전과 그 뒤에 나타난 평화 조건들은 이미 핵심이 무너졌고, 긴 망설임 끝에 내키지 않는 마음으로 영국과 프랑스가 세력 균형을 다시 회복하려던 1939년의 시도는 1940년에 벌써 실패로 돌아갔다. 2차 세계대전이라는 시험은 20세기의 유럽이 오로지 독일의 주도권 또는 미국-소련의 주도권 중 하나를 선택할 수밖에 없었음을 보여주었다. 의심의 여지가 없는 일인데, 히틀러 치하에서 독일이 주도권을 쥐는 것보다는 미국의 주도권이 훨씬 더 많은 선택을 받았고, 일부에서는 시비를 걸겠지만 심지어 러시아의 주도권도 히틀러의 주도권보다는 더 선택을 받았다. 다른 한편 독일이 주도권을 쥐었다면 유럽이 통합되었겠지만, 미국과 러시아 주도권은 필연적으로 유럽을 갈라놓았을 것이다. 독일의 주도 아래 통합된 유럽이라면 아시아와 아프리카에서 제국주의 헤게모니를 한동

● 히틀러 이전의 유럽이란, 아시아·아프리카·남미의 식민지들을 지닌 채 전 세계의 패권을 쥐고 있던 유럽을 말한다. 히틀러 이후의 유럽이란, 식민지를 모두 잃어버리고, 아울러 세계의 패권이 미국과 소련에 넘어간 상태에서 미국과 소련의 냉전에 동참할 수밖에 없게 된 유럽을 뜻한다. 유럽인의 눈으로 보면 이것은 엄청난 추락이고, 그 과정에 히틀러가 있었다.

안 더 유지할 수 있었겠지만, 미국과 러시아 사이에서 나뉜 유럽은 제국주의 힘을 갑작스럽게 잃어버릴 수밖에 없었다.

이를 보면 히틀러가 1938년에 동유럽에서, 그리고 1940년에 프랑스에 승리를 거둔 다음 유럽 대륙에 어느 정도 합의와 복종의 각오가 나타난 것이 이해된다. 당시에는 물론 19세기 중반 독일의 통일에 대한 강렬한 열망 같은 강렬한 유럽 통합의 동경은 없었다. 그런 것은 아이가 이미 우물에 빠지고 난 다음인 1945년에야 나타났다. 하지만 폭력에 양보하고, 초강대국에게 복종함으로써 최선의 결과를 얻겠다는 각오는 1938년과 1940년에 상당히 존재했으며, 그런 태도는 이따금 설사 독일이 주도권(어쩌면 오직 처음에만)을 쥔다는 대가를 치르더라도, 유럽이 더욱 더 통합된다면 아마도 매우 쓸모가 있을 것이라는 기대로 연결되곤 했다. 비스마르크의 프로이센이 1866년에 전쟁에서 패배한 도이치 나라들을 하나로 통합하고, 또 그렇게 통일된 독일이 차츰 번영한 기억이 아직도 생생히 남아 있었다. 승리를 거둔 독일이 통합된 유럽에서 차츰 모든 것을 열고, 점차 거부감을 주는 모습에서 벗어나는 것을 생각할 수 없단 말인가? 이렇게 바람직한 과정이라면 기꺼이 맞아들여 촉진해야 하지 않겠는가? 이런 생각이 1940년에는 유럽의 거의 모든 나라들에서 두 세대 동안, 그것도 특히 프랑스에서 지배적이었다. 다만 뒷날 사람들은 그런 것에 대해 알고자 하지 않았지만. 당시 독일에 히틀러가 아니라 비스마르크가 있었더라면······.

하지만 우리는 꿈에 빠져서는 안 된다. 독일에는 히틀러가 있었고, 이런 상황에서 처음에 독일이 지배하더라도 통일된, 그리고 강력해진 유럽이 나올 것인지 아니면 오늘날 같은 실제 상황이 나올 것인지는—사회학적인 역사학이 그에 대해 무어라고 말하든—히틀러에게 달려 있었다. "나는 유럽의 마지막 기회였다."고 히틀러는 1945년 2월 보어만 구술에서 말했다. 어떤 의미에서 맞는 말이다. 다만 그는 이렇게 덧붙여야 했다. "그리고 나는 그 기회를 망쳤다." 그 기회를 망친 것이 그의 두 번째 잘못이었다. 반유대주의로 독일의 유럽 정책에 부담을 준 첫 번째 잘못에 뒤이은 잘못이었다. 무엇을 통해 그리고 어째서 그가 두 번씩이나 그 기회를 망쳤는지 이해하기 위해서 우리는 1938년 가을과 1940년 여름 그의 정책을 어느 정도 세심히 살펴봐야 한다. 그러면 그가 두 번이나 자기에게 주어진 기회를 못 보았거나 아니면 의도적으로 집어던졌다는 사실이 드러난다. 이는 1941년에 러시아를 공격하고 미국에 선전포고를 하는 훨씬 더 눈에 띄는 뒷날의 잘못보다도 오히려 더욱 무거운 잘못이다.

1938년 5월에 히틀러는 오스트리아를 합병함으로써 독일 제국을 큰 독일 제국으로 만들었다. 그해 9월에는 영국과 프랑스가 뮌헨 협정에서 도이치 사람들이 살고 있는 보헤미아와 모라비아 지역을 큰 독일 제국에 덧붙이는 것을 승인하였다. 뮌헨 협정은 프랑스와 동맹을 구축하려고 헛되이 노력한 체코슬로바키아를 분할하는 것 이상을 의미했다. 그것은 실질적으로 동부유럽에서 영국과 프랑스가 정치적으로 물러남을 의미했고, 러시아 국경에 이르기까지 동부유럽 전체가 독일의 영향권 아래 있음을 인정해준 일이었다. 뮌헨 협정에서 건드리지 않고 그대로 남겨둔 체코슬로바키아의 몸통 부분은 어차피 히틀러가 멋대로 주무를 수 있었다. 그가 체코슬로바키아 강탈에 동참시킨 폴란드와 헝가리는 그로써 독일의 동맹국이 되었는데, 강대국과 동맹을 맺은 약한 동맹국이었다. 루마니아와 유고슬라비아는 이미 전부터 독일에 경제적으로 종속되었다는 말이 나올 정도로 밀접하게 연관되었기에 이제는 정치적으로도 가장 친밀한 관계를 맺지 않을 수 없었다. 이 나라들이 프랑스와 맺은 동맹관계는 뮌헨 협정으로 무효가 되었다. 1차 세계대전에서 독일의 동맹국이었던 불가리아와 터키도 마찬가지로 다시 독일과 친밀한 관계로 돌아섰다.

히틀러는 젊은 날 가졌던 최초의 정치적 비전을 실현했다. 옛날 오스트리아의 후예 국가들 모두와 나아가 독일/오스트리아와 러시아의 국경 사이에 들어 있는 지역 전체에 대한 주도권을 쥔 큰 독일을 만들어낸 것이다. 전쟁 없이 그 모든 것을 이루었다. 영국과 프랑스의 완전한 승인을 받았고, 러시아는 자기 나라의 서쪽 국경선에서 벌어지는 이런 강력한 권력 집중을 악의에 가득차서, 무력하게 바라보았을 뿐이다. 이제 남은 일이라고는 이 새로운 큰 독일-오스트리아 제국에 질서를 잡고, 이 제국에 형태를 부여하면서 사람들이 이 새로운 상황에 차츰 적응할 시간을 주는 일이었다. 전쟁은 필요 없었다. 그리고 전쟁 없이 이루어진다는 것이 영국과 프랑스가 동의하면서 말없이 덧붙인 조건이었다. 두 나라는 뮌헨에서 '우리 시대를 위한 평화'를 사들일 속셈이었다. 그리고 영국 총리 체임벌린이 뮌헨에서 영국으로 돌아가면서 이런 목적을 이미 이루었다고, 나중에 밝혀지듯이 너무 일찍이 선포했는데, 히틀러가 앞으로 여러 해 동안 평화롭게 일에 열중할 것이라 믿었기 때문에 나온 말이었다. 체임벌린이 프랑스 대표인 달라디에Edouard Daladier와 더불어 뮌헨에서 독일에 넘겨준 이 거대하고 이질적인 동부유럽에 대한 영향권을 조직하고 견고하게 만들기 위해서는, 전략과 섬세한 손재주 말고도 두 가지가 더 필요했다. 국가 건설 기술과 끈기였다.

하지만 히틀러에게는 바로 이런 특성이 없었다. 정치가로서의 건설적 특성이 그의 재능에 결여되어 있음을 우리는 이미 앞에서 보았다. 그는 존재하고 있는 자신의 국가에도 새로운 헌법질서를 부여할 능력이 없거나, 아니면 의지가 없었다. 새로 만들어야 할 국가공동체에 헌법질서를 부여할 능력은 얼마나 더 적겠는가! 그에 어울리는 정치가의 상상력이 히틀러에게는 없었고, 이런 말을 하기는 이상하지만 지금 자기 손에 들어 있는 나라와 민족들의 운명 따위는 그의 관심거리가 아니었다. 그들은 다만 또 다른 기획들을 보조해줄 민족, 원료공급자, 행군 지역에 불과했다.

그리고 그는 새로 얻은 대제국을 조직하기 위해 필요한 끈기도 없었다. 그것은 실로 한평생의 과제라 할 만한 것이었다. 그는 늦어도 1925년 이후로는 아주 거대한 것을 마음에 품고 있었다. 이미 준비

중인 프랑스의 기능 정지와 아울러 러시아를 정복하여 종속시킨다는 것이었다. 그리고 이미 앞에서 보았듯이 그는 떠오른 생각은 자신이 살아 있을 때 모조리 이루려 했다. 시간이 없었다. 1939년 4월에 그는 쉰 살이 되었는데, 앞서 인용한 그의 발언을 다시 기억해보자. "나는 쉰다섯이나 예순 살이 되었을 때보다는 쉰 살에 전쟁을 할 생각이다." 그는 원래 1938년에 전쟁을 시작하고 싶었다. 이 고백은 앞서 다른 맥락에서 인용했다. 친구건 적이건 당연히 히틀러의 눈부신 승리라고 여긴 뮌헨 협정을 그는 패배라고 여겼다. 자기 뜻대로 되지 않았기 때문이다. 자기가 무력으로 차지하고 싶은 것을 영국과 프랑스의 손에서 넘겨받지 않을 수 없었고, 또한 시간을 잃었다. 그래서 그는 1938년에 제대로 성사되지 않은 전쟁을 1939년에 억지로 시작했다. 어차피 방어력도 없이 바람에 흔들리는 체코슬로바키아의 몸통에 전혀 필요도 없는 군사적 점령과 분할을 가함으로써 뮌헨 협정의 기반을 파괴하였다. 곧이어 영국과 프랑스가 폴란드와 동맹을 맺거나 또는 옛 동맹을 갱신하자 그는 "지금이다."라고 외치며 폴란드와 갑작스러운 전쟁을 시작하고, 그로써 영국과 프랑스의 선전포고를 이끌어냈다.

선전포고일 뿐 아직도 진짜 전쟁은 아니었다. 영국이나 프랑스나 1939년에 독일에 맞서 실제로 전쟁을 수행할 물질적·심리적 준비가 되어 있지 않았다. 그들은 히틀러가 자기들에 맞서 전쟁을 수행하도록 맡겨두었다. 그는 프랑스에 대해서는 준비가 되어 있었고, 영국에 대해서는 준비가 없었다. 히틀러의 계획에서 프랑스의 '파괴'는 러시

히틀러에 붙이는 주석

아에 맞서 원래의 생존공간 전쟁을 위한 전단계 게임으로 여겨졌다. 그리고 1940년 프랑스 전선은 그가 거둔 최고 성공이었다.

그에 반해 영국은 동맹국, 적어도 호의적인 중립적 국가로 계획되어 있었다. 그래서 히틀러는 영국을 침공하거나, 또는 영국에 맞선 해전과 봉쇄전쟁을 위한 준비를 하지 않았다. 영국에 대한 즉각적 침공이라는 생각에는 깜짝 놀라 한발 물러섰다. 영국의 해군과 공군이 우세하다는 점을 생각해보면 당연한 일이다. 폭격은 영국이 전쟁을 피하도록 만들기에는 적절하지 않은 수단이었다. 그것은 오히려 반대로 작용할 것이다. 그래서 히틀러는 1940년 여름에 영국과의 원치 않는 전쟁을 뒤로 미루었다. 1938년과 1939년의 정책이 잘못되었다는 최초의 표지였다.

그 대신 그는 프랑스를 정복했다. 이는 그에게 맞설 수 없다는 아우라를 유럽 전체에 심어주었다. 그리고 나아가 유럽 최북단인 노르웨이의 노르트캅에서부터 피레네 산맥에 이르기까지 유럽 대륙의 서편을 군사적으로 점령했다는 뜻이었다. 그로써 뮌헨 협정이 동부유럽에 대해서만 그에게 제공했던 기회가 이번에는 유럽 대륙 전체에 대한 기회로 한 번 더 주어졌다. 유럽에 '새로운 질서'를 만들어내고, 유럽에서 독일의 패권에 지속성을 부여할 기회였다. 그것은 단순히 주어졌을 뿐만 아니라 압력을 가하고 있었다. 이제 전쟁이 수행되었고, 승리로 끝난 전쟁이 헛된 것이 되지 않기 위해서는 평화조약이 필요했다. 그 이상이었다. 프랑스는 평화의 결의 이상을 보여주었다. 당시 통치하고 있던 몇몇 정치가들은 동맹의 각오까지 되어 있었다. 자신들이 강력히 제안한 것을 '협력'Collaboration이라 불렀는데, 이것은 장기적인 개념이었다. 히틀러가 원하기만 했다면 1940년 여름에 프랑스와 평화조약을 맺을 수 있었을 것이고, 이 평화조약이 어느 정도 너그러운 것이었다면 히틀러가 전쟁으로 장악한 서유럽의 작은 나라들 모두가 분명히 평화를 갈망하게 되었을 것이다. 프랑스와의 평화조약, 그런 다음 가능하면 프랑스와 공동으로 소집한 유럽의 평화회의, 여기서 일종의 유럽 국가연합, 적어도 방어 및 경제공동체를 만들어낼 수 있었을 것이다. 그 모든 것은 1940년 여름에 히틀러의 위치에 있는 독일의 정치가가 성취할 수 있는 일이었다. 그 밖에도 그것은 영국을 심리적으로 무장해제하여 영국과의 전쟁을 없앨 전망이 확실한 수단이기도 했다. 히틀러가 차지하려고 전쟁을 선포한 나라들이 히틀러와 평화를 합의했다면 영국이 무엇 때문에 전쟁을 하겠는가? 통일된 유럽, 독일을 중심으로 모인 유럽에 맞서 영국이 대체 무엇을 할 수 있겠는가?*

입증된 바에 따르면 이런 가능성이 1940년 6월부터 1941년 6월까지 히틀러의 사고 과정과 구상에서 전혀 아무런 역할도 하지 못했는데, 이는 주목할 만한 일이다. 그는 이것을 단 한 번이라도 고려했

---

* 그랬더라면 영국을 배제한 채 독일이 완전한 주도권을 쥔 유럽 통합이 가능했을 것이다. 유럽이 당시의 식민지를 그대로 지닌 채로 말이다.

다가 던져버린 것이 아니었다. 그런 정책에 대한 생각 자체가 그에게
아예 나타나지도 않은 것이다. 그가 프랑스 전선에서 승리한 다음 평
화조약을 맺으려 한 상대는 정복한 프랑스가 아니라 독일이 아직 이
기지 못한 영국이었다. 그것은 잠깐만 생각해보아도 완전히 모순된
행동이었다. 영국은 막 선전포고를 했고, 이미 국내의 군사력과 예비
군을 동원하기 시작했으며, 아주 평온하게 이 모두를 진행할 수 있는
상황이었다. 독일의 침공에 맞서 해군과 공군력이 자신들을 안전하
게 지켜주고 있었기 때문이다. 게다가 영국은 전쟁의 원인들 중 어느
것도 없어지지 않았다고 보았으며, 반대로 히틀러의 새로운 침략전쟁
과, 노르웨이·덴마크·네덜란드·벨기에·룩셈부르크 등을 점령한 일
을 통해 오히려 전쟁의 이유가 늘어났다고 보고 있었는데, 무엇 때문
에 평화조약을 맺겠는가? 아직 패배하지 않은 나라가 아니라 패배한
나라가 [자기 편에 불리한 조건이 들어 있는] 평화를 받아들일 각오가 되
는 것이다.

　전쟁이란 군사적 승리를 통해 상대방이 평화를 받아들이게 하려
고 치르는 것이다. 상대방이 보이는 이런 평화의 각오를 이용하지 못
한다면 군사적 승리는 아무 쓸모도 없이 그냥 사라지고 만다. 히틀러
는 패배하여 평화를 각오한 프랑스에 대한 승리를 잃고 그 대신에 패
배하지 않은, 그리고 평화를 각오하지도 않은 영국에 평화 제안을 했
다. 영국과 전쟁에 이르게 된 쟁점들에 대해 그 어떤 양보도 암시하지
않은 채로였다. 그것은 이해할 수 없는, 정치적으로 원초적인 실수였

다. 그가 프랑스에 승리한 것과 동시에 유럽을 통합하고 그런 통합을 통해 독일이 패권을 차지할 다시없는 기회를 놓쳤다는 사실은 이런 잘못된 행동을 거대한 문제로 확대하는 일이었다. 오늘날 히틀러 관련 문헌에도 이 어마어마한 잘못이 거의 언급되지 않는다는 것은 이상한 일이다.

물론 히틀러는 관대한 승리자라거나, 멀리 앞을 내다보는 끈질긴 평화주의자로 생각될 수 없는 인물이다. 1945년 1월 30일자 마지막 라디오 연설에서 그는 스스로를 "언제나 오로지 한 가지만을 알았던 사람: 곧 치고, 치고, 또 치는 것만을."이라고 서술했는데, 이런 말을 자기 찬양이라 여기고 스스로 자기 성격을 이렇게 규정했던 것이다. 하지만 실제로는 자기에 대한 흠집 잡기였고, 그것도 지나친 흠집 잡기였다. 히틀러는 폭력 행위만 할 수 있는 게 아니라 간교하기도 했다. 하지만 오로지 폭력만을 통해 차지하는 것은 정말로 차지한 게 아니라는 크롬웰의 말에 담긴 지혜가 그에게는 적용되지 않았다. 그는 평화를 이루는 사람이 아니었으니, 이런 재능이 아예 없었다. 아마도 그래서 히틀러 또는 2차 세계대전을 다룬 대부분의 서술에서 그가 1940년 여름에 놓쳐버린 저 엄청난 기회가 제대로 다루어지지 않는 것 같다. 하지만 히틀러의 강점과 약점들을 올바르게 판단하려 한다면 이것이야말로 1940년 여름에서 잠깐 영상을 정지시키고 자세히 살펴볼 이유가 된다. 이때만큼 그의 강점과 약점들이 그렇게 완벽하게 동시에 드러나는 때는 없기 때문이다.

히틀러는 기회를 손수 만들어내고 다시 없애버렸다. 의지력, 에너지, 강력한 성과 등에서 의심의 여지 없이 그 화신이라 할 수 있는 사람이었다. 그는 자기가 가진 무시할 수 없는 온갖 정치적 재능을 발휘했다. 무엇보다 적의 감추어진 약점에 대한 확실한 후각과, 그런 약점을 '얼음처럼 차갑게' 이용하고, 그러면서 '번개처럼 재빨리' 처리할 능력을 지녔다.('얼음처럼 차갑게'와 '번개처럼 재빨리'는 히틀러가 좋아하는 표현들이었다.) 덧붙여서 그는 바로 이런 역사적 순간에 스스로 입증했듯이, 극히 드물게도 정치적 재능과 군사적 재능을 겸비한 사람이었다. 동시에 그에게 완전히 결여된 것은 정치가의 건설적인 상상력, 곧 지속적인 것을 건설하는 능력이었다. 그래서 그는 평화조약을 만들어내지 못했다. 이전에 국내에서 헌법을 만들어내지 못한 것과 비슷하다.(평화조약은, 헌법이 국가에서 갖는 것과 같은 의미를 국가들의 공동체에서 갖는다.) 확정 짓기를 꺼리는 것과 초조함이 그 걸림돌이었다. 이 두 가지는 그의 자기 경탄과 맥을 같이했다. 그는 스스로 잘못을 범하지 않는다고 여기고, 자신의 '직관'을 맹목적으로 신뢰했기 때문에, 그 직관을 속박할 그 어떤 제도도 만들지 못했다. 그리고 그 무엇도 그 누구도 자신을 대체할 수 없다고 여기고, 살아서 자신의 강령을 무조건 실현하려고 했기 때문에 자라는 데 시간이 필요한 그 무엇도 심지 못하고, 그 무엇도 후계자들에게 넘겨줄 수 없었다. 후계자를 생각할 수조차 없었다.(후계자에 대한 생각은 언제나 그에게 이상할 정도로 불쾌감을 불러일으켰다.)

여기까지만 보면 이런 막중한 태만의 잘못에 들어 있는 것은 성격적 결함이며 재능의 결핍이다. 이런 결함 말고도, 결과가 무거운 1940년의 행동 실수들은 앞의 「오류—잘못된 생각들」 장에서 다룬 바가 있는 '강령주의자' 히틀러의 잘못된 사고 탓이기도 하다.

정치사상가로서의 히틀러에게는 전쟁이 정상이요, 평화가 예외의 상태였다. 그는 평화란 자주 전쟁을 준비하기 위해 쓰일 수 있다고 보았다. 그가 보지 못한 것은 전쟁은 언제나 평화조약을 위한 것이어야 한다는 점이었다. 평화의 쟁취가 아니라 전쟁의 승리가 히틀러에게 모든 정치의 최종 목적이었다. 그 자신이 6년 동안 평화를 언급하면서 전쟁을 준비했다. 마침내 전쟁을 시작했으니 그렇게 빨리 그만둘 수 없었다. 이따금 그는 이렇게 말했다. 폴란드와 프랑스에 맞선 전쟁에서 승리한 다음 중간에 평화의 상태를 허용한다면 독일을 다시 러시아에 맞선 새로운 전쟁으로 '끌어올리기'가 쉽지 않을 것이라고 말이다.

또 다른 이유에서 히틀러는 프랑스와의 평화라는 생각에 접근할 수가 없었다. 앞의 장에서 이미 살펴보았듯이 그의 정치적 생각에서 강자의 승리는 언제나 '약자의 파괴 또는 조건 없는 굴복'을 뜻했다. 『나의 투쟁』에는 프랑스와 연관하여 '파괴'라는 낱말이 어느 정도 당연한 것으로 나타난다. "우리와 프랑스 사이에서 그 자체로 그토록 결실이 없는 영원한 싸움은, 프랑스의 파괴가 우리 민족에게 다른 곳에서의 확장을 제공할 수단이라고 본다는 전제 아래서만" 의미가 있다고 한다. 히틀러가 아직도 영국의 [정책] 방향을 바꿀 수 있으리라 기대하던 1940년 여름에 프랑스에서의 파괴 정책은 금지되었다. 하지만 폴란드에서는 이미 그런 파괴 정책을 시행 중이었고, 그 이듬해 러시아에도 도입할 참이었다. 프랑스에 대해서도 그는 분명히 파괴 이외의 전쟁 목적을 상상한 적이 없었고, 그래서 프랑스와의 평화의 여지는 생각 속에서도 아예 닫혀 있었다. [프랑스와의] 평화가 쓸모 있으려면 화해의 평화, 통합의 평화가 되어야 했을 것이다. 파괴의 생각은 포기된 것이 아니라, 그냥 그 실현이 미루어졌거나 아니면 고작 결정이 유보된 상태였다. 아직은 아무것도 망치고 싶지 않았던 것이다.

특이하게도 여기서 일견 서로 모순되어 보이는 히틀러의 두 가지 특성이 결합되어 나타난다. 바로 확정 짓기를 꺼리는 것과 강령에 따르려는 고집이다. 이 두 가지는 그가 현실에 대해 어느 정도 눈이 멀게 만들었다. 그는 강령에 나오지 않는 예상치 못한 기회를 보지 못하고, 또한 강령에 어긋나는 위험도 보지 못했다. 이 점에서 그는 스탈린과 차이가 난다. 다른 점에서 두 사람은 많은 공통된 특성을 갖는다.(다음 장에서 살펴보게 될 잔인성도 여기 해당한다.) 스탈린은 자기를 둘러싼 현실에 대해 언제나 깨어 있는 눈길을 유지했다. 히틀러는 산을 옮기려고 했다.

이 모든 특성은 다른 어느 때보다 1940년 6월에서 1941년 6월 사이에 가장 뚜렷하게 드러난다. 이 기간에 히틀러는 스스로 의식하지 못한 채 자신의 운명을 결정했다. 자기가 성취할 수 있는 모든 것을 이미 성취했음을 그는 깨닫지 못했다. 이제 가능성이 사라져가고 있었지만, 유럽 대륙에서 평화를 이룩하면 영국의 전쟁 의지도 꺾이리라는 사실에는 관심이 없었다. 근본적으로 영국과의 전쟁은 그의 관심거리가 아니었다. 그것은 계획에 없었고, 히틀러의 세계상에 들어 있지 않았다. 영국 뒤에 미국이 위협적으로 버티고 있다는 사실을 히틀러는 오랫동안 심각하게 여기지 않았다. 그는 미국의 무장이 뒤처졌다는 것, 간섭주의자들과 고립주의자들 사이의 내부 알력과, 최악의 경우에는 일본을 통해 미국의 주의력을 분산시킬 수 있으리라는 것을 확신했다. 미국은 히틀러의 행동강령에는 등장하지 않았다. 그의 강령에 따르면 독일의 배후를 자유롭게 만들어주는—평화조약을 맺지는 않았어도 어쨌든 처리가 끝난—프랑스에 대한 예비전쟁 다음으로는 러시아에 맞선 '생존공간 전쟁'이라는 대규모 핵심 전쟁이 나타나야 했다. 그리고 히틀러는 어느 정도 오락가락한 다음 마침내 이 전쟁을 하기로 결단을 내렸다. 비록 그의 강령에서 영국은 이 독일 – 러시아 전쟁에서 독일의 적이 아니라 동맹국 또는 호의적인 중립적 방관자 역할을 하도록 되어 있었지만. 그리고 당시 아직 지지부진하는 중이었지만 강령에 어긋나는 영국과의 전쟁이 본격적으로 벌어지면, [바다의] 봉쇄를 깨뜨릴 원료 및 식품 공급자로서 러시아가 꼭 필요하고, 또 러시아가 충실하게 그것을 지킬 것인데도 불구하고 그랬다. 히틀러는 호의적인 중립국 러시아보다 정복된 러시아가 믿음직한 원료 및 식품 공급원이 될 것이라는 생각으로 이 두 번째 장애를 넘어섰다. 영국에 대해서는, 러시아를 미래 동맹국으로 여기고 있다가 그 희망이 사라지면 영국은 전쟁에서 이길 가망이 없다고 여겨 포기할 것이라고 자기 자신을 설득했다. 러시아가 영국의 그런 희망에 전혀 자양분을 제공하지 않았다는 것, 그리고 영국이 러시아가 아니라 미국을 장래 동맹국으로 꼽고 있다는 것을 알지도 못했다.

이런 히틀러의 합리화 시도를 너무 진지하게 받아들여서는 안 된다. 러시아 공격은 영국과의 지속적인 전쟁 때문이 아니라, 그런 전쟁에도 불구하고 시작한 것이다. 그리고 1940년 후반에 생겼다가 1941년 여름에 다시 생겨난 러시아와의 알력의 결과로 공격이 이루어진 것도 아니다. 히틀러 내면의 지도에서 러시아가 언제나 독일의 생존 공간으로 표시되어 있었기 때문에, 그리고 히틀러의 시간표에서 프랑스에 승리를 거둔 지금이야말로 정복 레퍼토리의 핵심을 무대에 올릴 순간이기 때문에 시작된 것이다. 1940년 7월에 이미 히틀러는 장군들에게 자신의 의도를 발표했고, 1940년 12월 18일에는 확고한 결정을 내렸으며, 1941년 6월 22일에 실천에 옮겼다.

도발하지도 않은 러시아를 히틀러가 침공한 것이 잘못된 행동이었다는 것―그것도 그 자체만으로 이미 전쟁의 결과를 결정짓는 잘못―은 오늘날 모든 사람의 눈에 분명히 보인다. 굳이 묻자면 그런 잘못이 당시에도 잘못으로 인식될 만한 것이었는가이다. 러시아는 1941년에 전체적으로 과소평가되고 있었다. 영국과 미국의 장군들도 러시아가 곧 패배할 것이라고 계산했다. 게다가 러시아는 1939년 핀란드와의 겨울 전쟁에서 허약한 모습을 보임으로써 어느 정도 그런 평가에 일조를 했다. 1941년 전선에서 독일이 처음에 거둔 인상적인 성공들은 러시아의 저항력에 대한 히틀러의 낮은 평가가 옳았다고 확인해주는 듯이 보였다. 그가 다른 전략을 썼다면 모스크바를 접수할 수 있었느냐 하는 것은 오늘날에도 논란이 분분하다. 어쨌든 그랬을 가능성이 꽤 있다.

하지만 러시아의 막강한 인력과 영토를 생각해볼 때 모스크바를 함락한다 해도 그것으로 전쟁이 끝나지는 않았을 것이다. 1812년에 〔나폴레옹이〕 못 했듯이 1941년 히틀러도 마찬가지였다. 그 막강한 인력과 영토를 고려한다면 러시아에 맞선 전쟁이 대체 어떻게 끝을 볼 수 있단 말인가? 특이하게도 히틀러는 이 문제를 한 번도 진지하게 고려한 적이 없었다. 이전의 프랑스 함락에서처럼 그는 군사적 승리 이상을 생각하지 않았다. 그의 전쟁 계획은 군사적으로 승리할 경우에도 처음에는 우선 아르칸겔스크 – 아스트라칸까지만 진격한다는 것이었다. 그것은 엄청난 길이의 동부전선이 펼쳐진다는 뜻이었다. 영국과 전쟁을 계속하고 미국과도 개전이 임박한 상황에서 말이다.

그때도 이미 영국과의 전쟁, 그리고 점령은 했지만 평화를 확보하지 못한 대륙의 통제에 독일 육군의 1/4, 공군의 1/3, 함대 전체와 그에 따르는 온갖 산업들이 묶여 있는 상태였다. 아직 끝내지 못한 서부전쟁은 동부전쟁에 심각한 시간 압박을 가했다. 미국에 대해서는 말하지 않더라도, 영국은 전쟁 초기에 군수장비 측면에서 독일에 여러 해 뒤져 있었지만 이제는 점점 더 강해지고 있었다. 2년, 늦어도 3년이면 두 나라는 유럽에서 공격을 감행할 수 있었다. 책임 있는 국가 지도자라면 1941년의 상황에서 아무도 강요하지 않는 대對 러시아 전쟁의 시작을 망설일 온갖 이유들이 있었다. 하지만 히틀러는 책임질 사람이라고는 오직 자기 자신뿐이었고, 그의 직관은 15년 전 『나의 투쟁』에 적은 그대로 변함도 검토도 없이 "동쪽의 거대 제국은 붕괴에 임박해 있다."고만 말하고 있었다. 그는 이런 자신의 직관을 맹목적으로 믿었기에 독일 육군의 겨울 장비조차 챙기지 않았다. 6월 22일에 시작된 전투가 겨울이 오기 전에 승리로 끝나리라 확신했던 것이다. 겨울이 닥치자 알려져 있다시피 승리는커녕 모스크바 앞에서 최초로 심각한 독일군의 패배가 있었다. 국방군의 전쟁 일지에는 이렇게 적혀 있다. "1941~1942년 겨울의 파국이 닥쳐왔을 때 이 최고 절정으로부터 이제 어떤 승리도 더는 쟁취할 수 없다는 사실이 총통에게 분명해졌다." 1941년 12월 6일자 기록이다. 12월 11일자로 히틀러는 미국에 선전포고를 했다.

이것은 너무도 두드러지는, 아직도 가장 해석하기 어려운, 그야 말로 잘못의 절정이었다. 히틀러는 이런 잘못들로 1941년에 제 무덤을 팠다. 마치 그가 러시아에 맞선 번개전의 실패와 더불어 승리가 불가능해졌다는 사실을 깨닫고는 그렇다면 이제는 패배를 원하며, 그 패배를 가능하면 완벽하고 파국적인 것으로 만들겠노라는 결론을 이끌어낸 것만 같다. 아직 이기지 못한 적들인 영국과 러시아에다가 당시 이미 세계에서 가장 강한 세력을 적으로 덧붙인다면 패배를 피할 수 없다는 것을 히틀러인들 몰랐을 리 없기 때문이다.

이렇게 설명해보자. 히틀러의 이런 광적인 행동에 대해서는 오늘날까지도 합리적으로 납득할 만한 설명이 없다. 생각해보라. 선전포고는 실질적으로 독일에 맞선 전쟁을 시작하라고 미국을 불러들이는 순수한 초대였다. 왜냐하면 독일 쪽에서는 미국에 맞서 전쟁을 할 수단이 없었고, 장거리 폭격기 한 대도 없는 상황이었기 때문이다. 그래봤자 미국에 벌침 한두 개 쏘는 정도에 지나지 않았겠지만. 이런 전쟁에의 초대로 히틀러는 미국의 루스벨트 대통령에게 가장 큰 선물을 안긴 셈이었다. 벌써 1년도 더 전부터 루스벨트는 점점 더 노골적으로 영국을 지원하고 대서양에서 명백한 전쟁 활동을 펼침으로써 히틀러가 미국에 맞선 전쟁을 시작하도록 도발하고 있었다. 히틀러의 모든 적들 중에서 루스벨트만이 유일하게 의심의 여지 없이 전쟁을 원했다. 그는 전쟁을 피할 수 없는 것이라 여겼지만, 국내의 저항 때문에 전쟁을 시작할 수 없었다. 히틀러는 이성적으로 1년 이상 루스벨트의 도발에 대응하지 않았다. 반대로 그의 지원과 격려를 받은 일본의 위협을 통해 미국이 유럽의 전쟁에 참가하는 것을 막으려고 갖은 노력을 다했다. 그리고 이제야 '다른 곳으로 관심 돌리기 정책'이 최고의 성공을 거둔 참이었다. 12월 7일에 일본은 진주만에 정박한 미국의 태평양 함대를 기습함으로써 전쟁을 시작했다. 독일이 가만히만 있으면 루스벨트인들 어떻게 일본의 심각한 도발을 받은 상황에서 일본이 아닌 독일에 맞서 싸우겠는가? 미국에 아무 짓도 하지 않은 독일에 대해서 말이다. 미국 국민에게 어떻게 설명할 수 있겠는가? 하지만 히틀러가 선전포고를 함으로써 루스벨트의 수고를 덜어주었다.

일본에 대한 니벨룽족의 충성심에서였을까? 그것에 대해서는 진지하게 말할 내용이 없다. 일본이 자기 계산으로 시작한 전쟁에 독일이 참가할 의무는 없었다. 그 반대도 마찬가지였다. 1940년 9월의 독일 – 일본 – 이탈리아 3국 동맹은 순수한 방어동맹이었다. 그에 따라 일본도 독일의 러시아 공격에 참가하지 않았다. 그 반대였다. 1941년 4월에 독일의 러시아 진격이 분명해졌을 때 일본은 러시아와 불가침협정을 맺고 그것을 엄수했다. 그리고 독일의 모스크바 공격을 저지한 것은 바로 러시아 – 일본 군사국경선인 만주에 주둔하고 있던 시베리아 군대였다. 히틀러는 미국에 대한 일본의 전쟁을 독일에는 환영할 만한 관심 돌리기 및 부담 덜기 작전으로 여기고, 일본이 독일의 러시아 전쟁을 구경할 때와 똑같이 차가운 미소를 지으며 바라볼 법적·도덕적 권리가 있었다. 어차피 그가 일본에 어떤 실질적인 도움이 될 만한 일을 할 수 있는 것도 없었다. 그가 감상적인 친밀감 때문에 자신의 정책에 영향을 받을 사람이 아니었다는 것, 일본에 대해서는 더욱 아니었다는 것은 여기서 말할 필요도 없다.

아니, 히틀러가 그때까지 있는 힘을 다해 가로막다가 이제 와서 스스로 미국을 독일의 전쟁에 불러들인 계기는 일본의 진주만공격이 아니었다. 모스크바 앞에서 러시아의 성공적인 반격이 그 계기였다.

독일군의 이런 패배는 "(앞으로) 어떤 승리도 더는 쟁취할 수 없다."는 직관적 인식을 히틀러에게 주었다. 여기까지는 어느 정도 확실하게 말할 수 있다. 하지만 이로써 히틀러의 조치가 설명되지는 않는다. 절망의 행동으로 본다 해도 미국에 대한 선전포고는 납득이 안 된다.

이 선전포고는 위장된 원조 요청이었을까? 1941년 12월에는 이후 전쟁 과정에서 분명하게 확인될 것만 드러났던 게 아니다. 이를테면 2억 이상의 인구를 가진 러시아가 8천만 인구를 가진 독일보다 강하다는 것, 그리고 결국 장기적으로는 이런 압도적 강력함이 승리하리라는 것 말이다. 12월의 사건들은 처음에는 (히틀러의 의지력으로) 피해야 할 것도 알려주는 듯이 보였다. 러시아의 공격과 러시아 겨울의 합동작전 아래서 나폴레옹이 겪었던 파국을 피해야 했다. 이런 가능성을 바라보며 히틀러가 적어도 러시아보다는 서방세력에 패하기 위해서 서부전선에 영국과 미국의 공격을 불러들이려 했다는 상상도 해볼 수 있다. 패배한 독일이 서방세계에서 조금 더 온건한 대우를 기대할 수 있기 때문이다. 하지만 3년 뒤에 정말로 사정이 그렇게 진행되어 독일이 서쪽 아니면 동쪽, 어느 쪽에서 죽음의 일격을 맞을 것이냐를 선택하게 되었을 때 히틀러가 반대의 선택을 했다는 사실이 이런 상상에 반대 증언을 해준다. 이 선택에 대해서는 뒤에 나오는 「배신」 장에서 다시 이야기하기로 한다. 그것 말고도 히틀러가 미국이 동원령과 무장에서 현저히 뒤져 있음을 정확하게 알고 있었다는 것도 그런 상상에 반대한다. 1941~1942년 겨울에 서방세력은 아무리 좋은 의지를 가졌더라도 공격할 능력이 없었다. 미국이 영국보다 더 없었다. 아니면 히틀러는 미국 – 영국 – 러시아 연합을 만들어 ─아주 부자연스런 연합이니까─ 적들 사이에 알력의 씨앗을 뿌리려고 했던 걸까? 특히 미국이 재빨리 러시아와 갈등 상태에 빠지게 되면, 그런 상황을 이용하여 올가미에서 자기 머리를 빼내려고 했던 것일까? 이것은 '어떤 승리도 더는 쟁취할 수 없는' 상황에서 상당히 공상적인 것이긴 해도 완전히 비현실적인 것만은 아니었다. 러시아와 영국 – 미국은 특히 전쟁 말기에 여러 번이나 상당히 심각한 갈등을 겪었는데, 1942년과 1943년에는 '유럽의 두 번째 전선'에 대해서, 1943년과 1944년에는 폴란드에 대해서, 그리고 1945년에는 독일에 대해서였다.(물론 처칠이 이끄는 영국이 루스벨트가 이끄는 미국보다 훨씬 더 완강했다.) 뒷날 '냉전'으로 발전할 것이 이미 2차 세계대전 중에 준비되는 중이었고, 1941년에는 별다른 예측 능력이 없이도 그런 발전을 계산할 수 있었다. 다만 히틀러는 미국과 러시아 사이에 갈등이 실제로 나타났을 때 그것을 이용하려는 노력을 조금도 하지 않았다. 1942년과 심지어는 1943년에도 맺을 수가 있었을 (러시아 홀로 수많은 상처로 피를 흘리면서 전쟁의 거의 전체 부담을 떠안은 채 '유럽의 두 번째 전선'을 향해 헛되이 외치고 있을 때) 현상태를 기반으로 한 러시아와의 특별평화조약을 히틀러는 계속 거부했다. 서방과 평화를 맺을 가능성은 1941년 이후의 엄청난 범죄로 인해 이미 놓친 다음이었다.

　미국에 대한 히틀러의 선전포고, 설명할 길이 없는 이 선전포고의 동기를 찾으려면 추측에 의존할 수밖에 없다. 그 자신이 그 동기를 밝히지 않았기 때문이다. 이 선전포고는 그가 1940년과 1941년의 거의 완벽한 승리를 피할 길이 없는 패배로 바꾼 잘못된 행동들 중에서도 가장 이해가 안 되는 것일뿐더러, 그의 고독한 결단들 중 가장 고독한 것이기도 하다. 그는 이를 위해 소집된 의회에서 이것을 호소하기 전에 그 누구와도 그에 대해 이야기를 하지 않았다. 러시아와의 전쟁이 시작된 이후로 대부분의 나날을 함께 보내던 군사적으로 가까운 장군들에게도, 외무장관에게도 하지 않았다. 1938년 이후로 한 번도 소집한 적이 없는 각료들에게도 물론 아니었다. 하지만 외국인 방문객 두 명에게, 덴마크의 외무장관 스카베니우스Erik Scavenius와 크로아티아 외무장관인 로르코비치Mladen Lorković 앞에서 11월 27일, 그러니까 아직 러시아의 반격은 없이 다만 독일의 모스크바 공격이 저지당했을 때 기묘한 발언을 했는데, 기록이 남아 있다. 그는 이렇게 말했다. "이 시점에서도 나는 역시 얼음처럼 차가워요. 도이치 민족이 자신들의 생존을 위해 스스로 피를 흘릴 만큼 충분히 강하고 또 희생의 각오가 되어 있지 않다면 이 민족은 스러져서 더욱 강한 다른 세력에게 파괴되어야 합니다. ……그렇게 되면 나는 도이치 민족을 위해 단 한 방울의 눈물도 흘리지 않을 것이오." 무시무시한 말이었다.

1945년에 히틀러는 정말로 독일에 남아 있는 모든 것을 폭파하여 민족에게 살아남을 가능성을 남기지 말라는 명령을 내렸다. 그러니까 이런 파괴를 통해 이 민족이 세계정복의 능력이 없음을 입증한 데 대한 벌을 내리려는 것이었다. 최초의 패배에서 벌써 이런 배신의 생각이 불현듯 떠오른 것이다. 그런 생각은 우리가 이미 알고 있는 히틀러의 성격과 어울린다. 가장 극단적인 결론을 이끌어내는 그의 성향, 그것도 '얼음처럼 차갑게' 그리고 '번개처럼 재빨리' 말이다. 미국에 대한 선전포고가 히틀러의 내면적 변화를 가리키는 최초의 표지였을까? 역사상 가장 위대한 정복자이자 승리자로 등장할 수 없게 된 지금 적어도 가장 거대한 파국의 설계자가 되기로 결심한 것인가?

한 가지만은 확실하다. 히틀러는 미국에 대한 선전포고로써 모스크바 앞의 전투를 통해 예고된 패배를 완전히 결정지었다. 그리고 1942년부터는 패배를 막는 일 말고는 아무것도 하지 않았다. 정치적으로나 군사적으로 새로운 주도권을 펼치지 않았다. 이전 여러 해 동안 인정해줄 수밖에 없던 창의적 발상은 1942년 이후로는 사라졌다. 드물게나마 패배한 전쟁에서 어떻게든 빠져나가게 해줄 정치적 기회들에도 주목하지 않았다. 전쟁의 행운을 되돌릴 수도 있는 군사적 기회들도, 예를 들면 1942년 여름에 아프리카에서 롬멜Erwin Rommel이 거둔 놀라운 승리 같은 것들도 그대로 버렸다. 마치 히틀러는 승리에는 관심이 없고 다른 것에만 관심이 있었던 것 같다.

히틀러가 이 기간에 점점 더 안으로 움츠러든 것도 특이한 일이다. 그는 더 이상 사람들에게 보이지도 들리지도 않았다. 대중과의 접촉이 없고, 전선 방문도, 공습을 받는 도시를 둘러보는 일도, 공개연설도 거의 없었다. 히틀러는 자신의 군 사령부에서만 살았다. 그곳에서는 아직 통치를 하고, 전처럼 절대적인 권한을 휘두르고, 모든 군사적 결정들을 손수 내리고, 자주 스탈린그라드에서의 제6군단의 희생처럼 기묘한 결정들도 내렸다. 이 시기 그의 전략은 융통성이 없고, 기발한 발상도 없으며, 구호라면 오로지 "무슨 대가를 치르더라도 지켜라."뿐이었다. 온갖 대가를 다 치렀지만 지키지는 못했다. 점령 지역을 한 부분씩 잃었다. 1942년 말부터는 동부에서, 1944년 이후로는 서부전선에서도 그랬다. 히틀러는 아무런 반응도 하지 않았다. 그는 질질 끄는 지연전쟁을 치르고 있었으니 분명 승리를 위한 것이 아니라 시간을 벌기 위한 전쟁이었다. 특이한 일이었다. 전에는 그에게 시간이 전혀 없더니 이제는 시간을 얻기 위해 싸웠다.

하지만 그는 여전히 싸우고 있었고, 아직도 시간이 필요했다. 왜? 히틀러는 언제나 두 가지 목적을 가졌다. 독일이 유럽을 지배하는 것과 유대인을 멸종시키는 것. 첫째 목적은 실패했다. 이제 그는 두 번째 목적에 집중했다. 독일 군대가 그 길고도 희생적인, 아무 소용도 없이 질질 끄는 전쟁을 수행하는 동안 날마다 인간화물을 실은 기차들이 수용소로 달려갔다. 1942년 1월에 '유대인 문제의 최종해결' Endlösung der Judenfrage 명령이 나왔다.

1941년까지 히틀러는 정치적·군사적 행동으로 세계를 숨죽이게 했다. 그것은 끝났다. 이제 세계는 그의 범죄 때문에 숨을 죽였다.

범죄

Anmerkungen
zu Hitler

Anmerkungen
zu Hitler

히틀러는 의심의 여지가 없이 정치적으로 세계사에 속하는 인물이다. 동시에 범죄의 연대기에 속한다는 것도 의심할 바 없는 사실이다. 그는 정복전쟁을 통해 세계제국을 건설하려 했지만 물론 성과는 없었다. 그런 시도에서는 언제나 많은 피가 흐르게 마련이다. 그럼에도 불구하고 아무도 알렉산드로스부터 나폴레옹에 이르기까지 위대한 정복자들을 단순히 범죄자라고 부르지는 않는다. 히틀러가 그들의 흉내를 냈기 때문에 범죄자인 것은 아니다.

그는 전혀 다른 이유에서 범죄자다. 히틀러는 군사적인 혹은 정치적인 목적도 없이 오직 자신의 개인적인 만족을 위해 수많은 해롭지 않은 사람들을 죽게 하였다. 그런 측면에서 그는 알렉산드로스나 나폴레옹과 같은 범주에 속하지 않고, 여성 연쇄살인범 퀴르텐과 소년 연쇄살인범 하르만과 같은 범주에 속한다. 다만 차이가 있다면 그들이 수공업적으로 행한 범죄를 그는 대규모 공장 방식으로 운영했다는 점뿐이다. 그의 손에 희생된 사람은 몇십 명 또는 몇백 명 단위가 아니라 몇백만 단위로 헤아리게 된다. 그는 그냥 대량학살을 행한 범죄자이다.

우리는 이 낱말을 엄밀히 범죄의 의미로 사용한다. 주로 정치가나 장군들이 적이나 병사들을 죽음으로 보내면서 내놓는 수사적인 의미가 아니다. 정치가(와 장군)들은 모든 시대 모든 나라에서 사람들을 죽게 하는 위치에 있다. 전쟁, 내전, 국가위기 상황과 혁명의 시기에 그렇다. 그로써 그들이 범죄자가 되는 것은 아니다. 물론 사람들은 언제나 자기들의 통치자가 꼭 필요한 정도에 그치는지 아니면 은밀히 즐기는지 구분하는 예리한 감각을 지녔다. 잔인한 통치자라는 명성은 그가 유능한 인물이었다 하더라도 언제나 오점으로 남아 있게 마련이다. 예를 들면 스탈린이 그렇다. 히틀러는 잔인한 통치자이기도 했는데, 그것만도 독일 역사에서 오히려 예외적 현상이었다. 히틀러 이전에 독일에서는 잔인한 통치자가 러시아나 프랑스보다 훨씬 드물었기 때문이다. 하지만 여기서는 그런 이야기를 하자는 게 아니다. 히틀러는 통치자나 정복자로서만 잔인했던 것이 아니다. 히틀러에게서 특이한 점은 국가이성이 조금도 그럴 이유나 핑계를 주지 않는데도 상상할 수 없이 대규모로 사람을 죽였다는 점이다. 그렇다, 그의 대량학살은 정치적·군사적 이익에 반하는 경우가 많았다. 예를 들어 오늘날 우리가 아는 바이지만 군사적으로는 절대로 이길 수 없는 러시아에 대한 전쟁이라도, 그가 근절하는 사람이 아니라 해방자로 등장했다면 정치적으로는 이겼을지도 모른다. 하지만 그에게 결코 부족하지 않은 정치적 계산의 능력보다 살인의 욕구가 더욱 강했다.

히틀러의 대량학살은 전쟁 때 행해졌지만, 절대로 전쟁 행위는 아니었다. 오히려 그는 전쟁과는 아무런 상관도 없지만 언제나 개인적인 욕구이던 대량학살을 위한 핑계로 전쟁을 택했다고 말할 수 있다. 그는 『나의 투쟁』에 이렇게 썼다. "전방에서 가장 뛰어난 사람들이 쓰러진다면 후방에서는 적어도 해충을 박멸할 수 있다." 히틀러에게 해충인 사람들의 박멸은, 전쟁을 통해 후방의 주의력을 다른 곳으로 돌릴 수 있다는 점에서만 전쟁과 연관성이 있었다. 그 밖에 이런 박멸은 히틀러에게 자체 목적이지, 승리를 위한 또는 패배를 막기 위한 수단이 아니었다.

반대로 이런 대량학살은 전쟁 수행에 방해가 되었다. 전쟁에 쓸모가 있는 수많은 친위대 대원들―어쨌든 여러 사단에 해당하는 병력―이 여러 해 동안이나 거기 몰두하느라 전방에 나타나지 않았고, 매일 유럽 전역을 가로질러 파괴 수용소로 향하는 대량 수송은 전투부대에 보급을 위해 절실히 필요한, 어차피 빠듯한 바퀴 달린 운송수단의 상당 부분을 빼앗아 갔다. 그 밖에도 살인 행위는 승리를 쟁취할 수 없게 된 다음에 평화협상의 가능성을 완전히 없애버렸다. 학살이 알려지면서 처음에는 서방의 정치가들, 이어서 러시아의 정치가들도 히틀러와의 외교적 협상이 아니라 오로지 히틀러에 대한 재판을 통해서만 이 전쟁을 의미 있게 끝낼 수 있다는 확신을 갖게 되었기 때문이다. 1942년 1월 서방 연합군이, 그리고 1943년 11월에는 마침내 소련도 '이 범죄에 책임이 있는 자들에 대한 처벌'을 전쟁의 목적이라 선포했고, 덕분에 무조건 항복이라는 또 다른 목적도 생겨나게 되었다.

1942년부터 1945년까지의 기간에 전 세계에는 히틀러의 대량학살이 단순히 '전쟁범죄'가 아니라 순수한 범죄이고, 그것도 그때까지 들어보지 못한 규모로 이루어지는 범죄로서, 보통은 전쟁범죄가 끝나는 곳에서 시작되는 문명의 파국이라는 의식이 살아 있었다. 유감스럽게도 이런 의식은—오늘날 아무도 기억하고 싶지 않은 불행한 기구인—뉘른베르크 '전범재판'을 통해서 다시 사라지고 말았다.

승전국에 의한 이 재판은 수많은 결함을 지녔다. 가장 중요한 피고가 빠졌다. 그가 지상의 모든 재판에서 벗어났기 때문이다. 판결의 기준이 되는 법은 소급해서 적용되는 법이었다. 하지만 무엇보다도 히틀러의 원래 범죄, 곧 폴란드와 러시아 사람들, 유대인들, 집시와 병자들에 대한 대량학살이 기소에서 부수적인 사항이 되었다는 사실이다. 대량학살은 강제노동 및 추방과 더불어 '인류에 대한 범죄'로 분류되었고, '평화에 대한 범죄', 곧 전쟁 자체와 '전쟁범죄'가 핵심적인 기소 내용이 되었다. 전쟁범죄란 '전쟁법과 전쟁관습의 위반'으로 정의되었다.

하지만 이런 위반은 정도의 차이만 있을 뿐 양측 모두에서 이루어졌고, 전쟁 자체란 승전국도 행한 일이었다. 그렇다면 죄가 있는 자가 죄가 있는 자를 심판한다고, 전쟁에서 졌다는 이유로 피고가 유죄

판결을 받는 것이라고 누구든 쉽게 말할 수 있었다.(영국군 사령관 몽고메리는 재판이 끝난 다음 이런 생각을 공개적으로 표현했다.) 뉘른베르크 재판은 수많은 혼란을 야기했다. 독일 사람들, 특히 자신 안에 침잠하여 부끄러워할 이유가 가장 많은 독일 사람들 사이에서 그것으로 죗값을 치렀다는 느낌을 불러일으켰다. 모든 비난에 대해 "그럼 당신들은 안 그랬나?"라고 말하는 태도를 마련해준 것이다. 그리고 승전국, 적어도 서방의 승전국에서, 특히 영국에서 히틀러를 위해 가장 부조리한 정당화 명제들이 터져나오게 만들었다. 35년 전에(1943년) 사람들의 혈관 속 피가 얼어붙게 만들었던 히틀러의 진짜 범죄를 이제 와서 힘들게 흔히 전쟁의 통상적인 더러움이라고 할 만한 것들과 구분해야 하게 되었다. 히틀러의 온갖 악행들 중에서 범죄에 속하지 않는 것을 검토하는 것으로 시작하는 것이 가장 좋은 방법이다. 많은 독자들이 히틀러를 위해 아무 소용도 없는 변명을 한다고 생각할 위험이 있지만, 사실은 반대로 그를 정확하게 기소하는 일이다.

우선 '평화에 대한 범죄'로 시작해보자. 뉘른베르크 재판에서 처음으로 그리고 지금까지는 마지막으로 전쟁 자체가, 적어도 계획에 따른 침략전쟁이 범죄라고 선언되었다. 당시에는 '평화에 대한 범죄' 항목이 가장 중요한 기소항목이라고 여기는 목소리들이 있었다. 그것이 다른 모든 항목들을 포함하는 것이니까. 전쟁을 범죄로 만드는 것이 인류의 획기적인 진보라고 환영하는 목소리였다. 이런 목소리들은 오늘날 상당히 잠잠해졌다. 전쟁과 살인, 우리는 이들을 수사적으로 쉽게 동일시하여 입에 올리지만, 실은 전혀 다른 것이다. 그것은 특히 히틀러에게서 아주 잘 드러난다.

전쟁에 대해서 적어도 서방 민족들의 태도는 20세기에 몹시 변했다. 전에는 전쟁이 찬미되었다. 1차 세계대전 때만 해도 참전한 사람들은, 독일 국민만이 아니라 거의 모두가 환호와 열광을 보였다. 이제 옛말이다. 독일 국민을 포함하여 모든 나라 사람들은 이미 2차 세계대전을 불운과 재난이라고 느꼈다. 그 이후로 대량살상 무기의 발전은 전쟁에 대한 보편적인 두려움을 더욱 강화했다. 하지만 그런 두려움이 전쟁을 없애지는 못했다. 전쟁을 없앨 방법은 아직도 발견되지 않았다. 뉘른베르크에서처럼 전쟁을 범죄로 선포하는 것은 물론 방법이 아니다.

그 뒤로 일어났고, 지금도 진행 중인 수많은 전쟁들이 그것을 증명한다. 그리고 뉘른베르크에서 전쟁을 범죄라고 선포했던 동일한 강대국들이 그 뒤로 해마다 전쟁에 대비해서 쓰고 있는 엄청난 돈의 액수와 작업이 그것을 증명한다. 그들은 달리 어쩔 수가 없다. 전쟁은 언제든 가능하고, 상황에 따라서는 피할 수가 없음을 그들도 알기 때문이다.

2차 세계대전 이전에 이미 대부분의 참전 국가들이 파리 조약에서 당당하게 전쟁 포기 선언에 서명을 했고, 1945년 이후로 그런 전쟁 포기 선언은 UN 회의에서 헬싱키 조약에 이르기까지 국제적 조약에서 일상적인 항목이 되었다. 하지만 모든 정부는 그것을 진지하게 믿지 않으며, 그에 맞게 대비를 하고 있다. 아무도 그런 이유로 모든 정부를 범죄집단이라고 선언하지는 않을 것이다. 불쾌하지만 피할 수 없는 것을 범죄라고 선언하는 것은 아무런 도움이 되지 않는다. 전쟁처럼 똥 누기도 범죄라고 선언할 수 있다. 히틀러 이후와 이전의 세계사를 잠깐만 살펴보아도, 국가체계에서 전쟁을 금지할 수 없다는 것을 알게 된다. 마치 인간 육체의 생물학적 체계에서 똥을 없앨 수 없는 것과 같다. 아주 단순하게 생각해도 어째서 그런지 알 수 있다. 전쟁은 국가들 사이에서 일어난다. 그리고 국가가 지상에서 현존하는 가장 높은 권력기관이기 때문에, 또 그런 한에는 전쟁은 국가체계에 속하는 것이다. 국가의 권력독점은 피할 수 없다. 여러 시민 그룹들이나 계급들 사이의 갈등을 폭력 없이 조정하기 위한 전제조건이기 때문이다. 하지만 국가들 사이에서 갈등이 날카로워지면 오로지 폭력으로, 즉 전쟁을 통해서만 조정된다. 국가들 위에 더 높은 권력기관이 있다면 사정이 달라질 것이다. 지구 전체를 지배하는 유일한 보편국가가 있다면, 그래서 개별 국가들을 마치 연방국가가 각 주州를 조정하듯이 조정할 수 있다면 말이다. 그런 세계국가는 꾸준히 많은 정복자들과 그들이 세운 대제국의 이상理想이 되어 왔지만, 이 목적은 지금까지 실현된 적이 없다. 정치세계가 다수의 주권국가들로 이뤄지는 한 실러Friedrich Schiller의 말이 옳다.

전쟁은 하늘의 재앙처럼 끔찍한 것이다.

하지만 저 재앙처럼 전쟁은 좋은 것이고, 또 운명이다.

뉘른베르크의 시도처럼 전쟁을 범죄로 규정하는 일은 그것을 더욱 끔찍하게 만들 뿐이다. 패배한 자는 승리나 패배를 두고 싸우는 것이 아니라, 이제는 삶과 죽음을 두고 싸워야 하기 때문이다.

어쩌면 누군가는 뉘른베르크에서 모든 전쟁이 아니라 오직 침략전쟁과 정복전쟁만을 범죄라고 낙인찍은 것이라고 이의를 제기할지도 모르겠다. 히틀러는 정복전쟁을 했고, 적어도 동쪽에서만은 아무도 그것을 부인하지 않을 것이다. 1차 세계대전과는 달리 2차 대전에서는 '전쟁 책임'의 논란이 없다. 히틀러가 독일이 지배하는 대제국의 건설을 가까운 목적으로, 세계지배를 원대한 목적으로 삼아 이 전쟁을 계획하고 원하고 시작했던 것이다. 하지만 그것조차 무조건 범죄라고 규정할 수는 없다. 설사 인류는 오늘날의 기술전쟁을 감당할 수 없기 때문에 전쟁을 없애야 한다는 의견을 내세워도 마찬가지다.

주권국가들의 세계에서 전쟁을 피할 길이 없다면, 이런 기술시대의 전쟁이 인류의 생존을 위협하는 것이 되었다 해도, '전쟁을 끝내기 위한 전쟁'은 인류의 현재 상황논리에 들어 있는 것이다. 방금 보았듯이 전쟁을 없애는 유일한 수단은 세계국가인데, 세계국가를 세우기 위해서는 성공적인 세계 정복전쟁 이외에는 달리 길이 없기 때문이다. 어쨌든 역사의 경험은 우리에게 다른 길을 보여주지 않는다.

제네바 국제연맹과 뉴욕의 UN 같은 기구들이 전쟁을 없애지 못할 것만은 확실하다. 다른 한편으로, 우리가 아는 가장 길고 확고한 평화는 서력의 처음 400년 동안 지속된 팍스로마나Pax Romana〔로마의 평화〕이다. 그것은 확고한 목적을 가진 로마의 정복전쟁들이 전제된 것이고, 이런 정복전쟁을 통해서만 그런 평화가 가능했다. 로마제국과 로마 평화는 같은 말이다. 좀 더 규모가 작지만 역사적으로 더 가까이 있는 예를 들자면 도이치〔어를 쓰는〕 국가들 사이에서는 수백 년 동안 전쟁이 계속되었다. 그런 전쟁들 중에는 30년 전쟁(1618~1648)처럼 아주 파괴적인 것도 있는데, 이런 전쟁은 비스마르크가 전쟁을 통해 마침내 독일을 통일하기까지 계속되었다. 2차 세계대전은 어떤가? 그것은 두 초강대국 러시아와 미국을 위해 그들이 원했든 원치 않았든 결국은 정복전쟁 및 제국건설의 전쟁이 되지 않았던가? 나토와 바르샤바 조약은 어떤 의미에서 미국과 러시아의 제국이 아닌가? 2차 세계대전 이후에 나타난 냉전에서는 이 전쟁이 핵의 균형을 통해 사라지기 전까지는 조용한 가운데 세계지배를 놓고 겨룬 것이 아닌가? 2차 대전의 결과로 나타난 러시아와 미국의 통치 지역이 오늘날 세계에서 확실한 평화가 지배하는 유일한 지역임을 인정해야 하지 않겠는가? 역설로 들리지만, 성공한 정복자와 세계제국 건설자는—히틀러도 그들에 속하고 싶어 했던—역사에서 다른 온갖 서류상의 전쟁 포기 선언보다 평화를 위해 더 많은 일을 했다. 히틀러가 그들과 같은 일을 하려고 한 것 자체가 범죄는 아니다. 또는 다르게 보자면, 미국과 러시아의 정복자들이 그에게 자극을 받아 성공적으로 수행한 일을 그가 시도했으나 실패했다는 것이 죄는 아니다.

히틀러의 특별한 범죄는 '전쟁법과 관습의 위반'이 아니며, 그러니까 뉘른베르크 재판에 이름을 준 '전쟁범죄'가 아니다[뉘른베르크 전범재판]. 전쟁범죄라는 기소사항은 방금 위에서 다룬 기소사항과 모순이 된다는 점을 먼저 말해두어야겠다. 전쟁이 범죄라면, 전쟁의 법칙과 관습도 범죄의 일부이니, 그 위반은 더 이상 문젯거리가 아니다. 실제로는 '전쟁법과 관습'은, 전쟁이 범죄가 아니라 피할 수 없는 것이므로 원칙적으로 수용된 국제적 장치라는 사실에서 출발한다. 카를 슈미트Carl Schmitt의 표현에 따르면 전쟁법과 관습은 '전쟁의 옹호'를 위해 봉사한다. 주로 규정과 협정을 통해 시민과 전쟁포로를 보호하도록 전쟁을 제한하고, 좀 더 견디기 쉽게 만들어주는 것이다.

그 밖에도 전쟁법과 관습은 완벽과는 거리가 멀다. 전쟁포로의 몸과 목숨을 보호하는 제네바 협정은 모든 국가에서 비준된 것이 아니다. 헤이그 육지전쟁 규정은 전쟁지역 안에서 시민에 대한 침해를 금지하고 있지만, 공중전 규정은 그에 따르지 않는다. 주거지에 대한 공습은 일반적으로 인정된 전쟁법과 관습에 위배되지 않는다는 말이다.

하지만 그보다 더 중요한 것은, 모든 전쟁에서 양측 모두가 범하는 다양한 전쟁법과 관습에 대한 위반이 관례적으로 그 어떤 국제적 제재도 받지 않는다는 사실이다. 그럴 만한 이유가 있다. 이런 위반들은 엄격함은 각기 달라도, 전쟁에서 자기편 상관이나 전쟁재판소의 형벌을 받는다. 자주 매우 엄한 벌을 받는다. 약탈, 살인, 강간 등을 용인하면 자기 쪽 군대의 기율과 함께 싸움의 가치를 무너뜨리게 되기 때문이다. 하지만 전쟁이 끝나고 나면 양측 모두에서 아직 처벌받지 않은 전쟁범죄는 조용한 가운데 사면되곤 한다. 법을 맹신하는 사람들로서는 탄식할 일이다. 이른바 정상적인 전쟁에서 잔인함이란 피할 길 없는 예외적 상황에 수반되는 현상이라고 생각되곤 하는데, 여기에는 일말의 지혜가 들어 있다. 이런 예외적 상황에서 선량한 시민과 가장들이 살인을 익히는데, 그런 상황은 전쟁이 끝난 다음에는 가능하면 빨리 잊는 것이 현명한 일이기 때문이다.

2차 세계대전 후에 이런 지혜를 잊은 것은 승전국의 잘못이었다. 승전국 측에도 자연스럽게 나타났던 불법행위에 대해, 오직 패전국만을 박해하는 것이 부당하다는 느낌을 주기 때문만은 아니었다. 무엇보다도 히틀러의 범죄를 모든 전쟁에서 일어나는 전쟁범죄와 한통속으로 몰아붙이면서 그 범죄의 특별한 성격에 대한 감각이 무뎌졌기 때문이기도 하다. 히틀러의 대량학살은 전쟁범죄가 아니라는 점이 특징이다. 전투의 절박함과 열기 속에서 전쟁포로 죽이기, 빨치산과의 전투에서 인질을 총살하기, '전략적' 공중전에서 순수한 거주 지역에 대한 공습, 잠수함 전투에서 여객선과 중립적인 배들을 침몰시키기, 이 모든 것은 전쟁범죄이며, 분명 매우 끔찍한 것이지만, 전쟁이 끝나고 나면 일반적 합의에 의해 양측에서 그냥 잊는 게 더 낫다. 하지만 대량학살, 전체 주민계층을 계획적으로 멸종시키려는 것, '해충박멸' 등을 사람에게 행하는 것은 전혀 다른 일이다.

히틀러의 이런 범죄에 잠시 집중하기로 한다. 하지만 끔찍한 세부사항을 서술하는 것은 피하자. 그런 것은 다른 책들에서 충분히 찾아볼 수 있다. 예를 들면 정확하고 깔끔하게 기록한 라인하르트 헹키스Reinhard Henkys의 『민족사회주의의 폭력범죄』Die nationalsozialistischen Gewaltverbrechen 같은 책이다. 여기서는 시간 순서에 따라 짤막하게 사실들만 나열하기로 한다.

1. 1939년 9월 1일 전쟁이 시작된 날에 독일에 있는 환자들을 죽이라는 히틀러의 문서 명령이 나왔다. 이 명령에 근거하여 다음 2년 동안 '쓸모없는 식충이'들로 분류된 10만 명의 사람들이 당국에 의해 살해 처리되었다. 그중에서도 7~8만 명은 회복 중인 환자들이고, 1~2만 명은 수용소에 격리된 환자와 상이군, 신경정신과 시설에 있는 모든 유대인 환자들, 세 살에서 열세 살 사이의 약 3천 명에 이르는 어린이 환자들, 주로 특수학교 혹은 복지시설의 어린이들이었다. 이 작전은 1941년 8월에 중단되었다. 일부는 그것이 일반 주민들에게 점점 더 불안감을 주고 또한 교회의 공개적인 항의를 받았기 때문에, 또 다른 일부는 더욱 중요한 이유로서, 환자 근절 실행을 위해 만들어진 조직이(위장명 T4) 히틀러가 이제 대대적으로 시작하는 유대인 근절을 위해 필요해졌기 때문이다. 나중에는 환자 근절 작전을 재개할 기회가 없었다.

2. 마찬가지로 1939년 9월에 독일에서 집시에 대한 근절 작전이

펼쳐졌다. 모든 곳에서 집시들이 붙잡혀서 처음에는 수용소로, 이어서 1941년과 1943년 두 번에 걸쳐 학살수용소로 보내졌다. 1941년부터 동유럽 점령국가의 집시들도 그곳에 사는 유대인들과 똑같이 체계적으로 근절되었다. 이런 대량학살은 이전에 한 번도 홍보된 적이 없고 명령이 내려진 적도 없이 극히 조용히 이루어졌기 때문에 나중에도 그 자체 개별적으로 탐구된 적이 거의 없다. 그 일이 일어났을 때 그에 대한 이야기가 없었고, 오늘날에도 그런 일이 일어났다는 것 이상으로는 그리 많이 알지 못한다. 기록이 드물다. 학살된 사람의 숫자는 대략 50만 명 정도로 추산된다. 1939년에 독일에는 2만 5천 명의 집시가 있었는데, 1945년에는 겨우 5천 명 정도가 살아남았다.

3. 약 한 달이 지난 다음, 1939년 10월에 폴란드에서 전쟁이 끝나자 히틀러 대량학살의 세 번째 활동이 나타났는데, 그 희생자는 폴란드의 지식인과 지도층 인사들로, 이런 학살은 이후 5년 동안 계속되었다. 이 부분에 대해서는 문서로 된 히틀러의 명령서가 없다. 환자 근절 명령서가 서류로 남은 마지막 명령서이다. 폴란드 지식인 학살에는 오직 구두 명령만 있었지만, 그에 대한 증언들이 있고, 문서 명령과 똑같이 잘 시행되었다. 예를 들어 하이드리히*는 1940년 7월 2일자 보고서에서 폴란드에서 독일의 공포정치에 대한 군부의 불만을 다

---

* 라인하르트 하이드리히(Reinhard Heydrich, 1904~1942): 제국 안보부 수장. 유대인 대학살의 주요 계획자 중 한 사람이다.

루고 있는데, 여기서 '총통의 특히 과격한 특별명령(예를 들면 수천 명에 이르는 폴란드 지도층에 대한 청산명령)'이라는 말이 나온다. 그리고 점령 폴란드의 총독인 프랑크Hans Michael Frank는 1940년 5월 30일자로 히틀러의 구두 경고를 인용하고 있다. "우리가 지금 폴란드의 지도층으로 확인한 것[사람들]은 청산되어야 한다. 그 뒤로 들어온 것은 우리의 확인을 받아야 하고, 일정한 시간이 흐른 다음에는 다시 제거된다." 히틀러의 명령에 따라 5년 동안 유대인만이 아니라 유대인 아닌 폴란드 사람들도 자기 나라에서 권리를 잃은 채 횡포한 통치에 내맡겨졌고, 그 과정에서 교육받은 계층의 사람들은—사제, 교사, 교수, 기자, 기업가 등—계획적인 제거 캠페인에 희생되었다. 이런 제멋대로의 통치가 무엇을 지향하느냐는 1940년 5월 히믈러의 비망록에서 알아낼 수 있다.(히믈러는 히틀러의 범죄에서 철저히 오른팔이었을 뿐만 아니라, 이런 문제들에서 또한 총통의 대변인이었다.)

동부에서 독일인 아닌 주민들을 위해서 4년 기한의 초등학교 이상의 학교는 없다. 이 초등학교의 목적은 다음과 같다. 500까지의 간단한 셈, 이름 쓰기, 독일인에게 복종하고, 정직하고 부지런하고 용감하라는 것이 신의 계명이라는 가르침 등이다. 읽기는 꼭 필요하다고 보지 않는다. 동부에 초등학교 말고 다른 어떤 학교도 있어서는 안 된다. ……총독부에 속한 주민들은 이런 지침의 일관된 강제 실시 이후에 10년의 시간이 흐르면 남아 있던 열등한 주민과…… 통합된다. 폴란드인은 지도부 없이 노동민족으로 이용되며, 해마다 이주 노동자와 특수한 노동 분야(도로공사, 채석장, 건설)를 담당하는 인부들로 독일에 제공된다.

예전의 문화민족을 이렇듯 탈문명화하는 일은 물론 그 자체로 범죄다. 하지만 그것 말고도 폴란드의 지식층에 대한 대량학살이라는 범죄를 포함한다. 이런 체계적인 대량학살의 희생자가 된 교육받은 폴란드 사람의 정확한 숫자는 폴란드에서 살해된 유대인 숫자보다 더욱 추산이 어렵다. 폴란드의 공식 기록에 따르면 전체적으로 보아 6년 동안의 전쟁 기간에 약 600만의 인구를 잃었다. 그 중 약 1/3이 살해된 유대인이다. 전사한 폴란드 사람은 30만을 넘지 않는다. 대략 70만 명이 도주하거나 또는 자연적인 이유로 사망했다고 치면 200만 명이 남고, 그들 중 분명 절반 이상을 지도층에 대한 계획적인 근절 정책의 명단에 올릴 수 있을 것이다. 나머지는 빨치산 전투에 대한 보복 조치, 거의 어떤 고려도 없이 시행된 대량이주, 그리고 점령관청이 일반적으로 행하던 협박용 테러의 희생자가 되었을 것이다.

4. 2~3년간 점령한 거대한 러시아 지역에서 러시아 주민에 대한 독일의 정책은 위에 서술한 폴란드 정책과 똑같았다. 지도층의 근절, 나머지 주민 다수의 권리 박탈과 노예화 등이다. 폴란드는 원래 히틀러에게서 중간의 운명, 곧 헝가리·루마니아·슬로바키아·불가리아 등과 같은 보조민족의 운명을 할당받았으나 이런 역할을 거부한 다

음에 이런 거부에 대한 형벌로서, 또한 러시아를 위해 계획된 근절 및 노예화 정책의 사전 연습을 위한 연습장으로서 가혹한 운명을 얻었다. 러시아를 위해선 폴란드와 두 가지 차이가 있었는데, 이 두 가지가 이 정책을 더욱 가혹하게 만들었다.

첫째로 러시아 상층부가 실제로든 말로만이든 공산주의자였고(폴란드 상층부는 압도적 다수가 보수적 가톨릭 신자였다.) 이것이 그들에 대한 체계적인 근절에서 마지막 장애를 없애주었다. 둘째로 폴란드와는 달리 러시아에서의 범죄에는 원했든 원치 않았든 국방군도 참여했다.

폴란드에서는 점령지구의 군 통수권자인(곧 이어서 그 지위를 뺏기지만) 블라스코비츠Johannes Blaskowitz 사령관이 전쟁이 있던 첫해 겨울에 독일 군대가 점령한 뒤편에서 "동물적이고 병적인 본능들이 판을 친다."는 불쾌감을 항의서에 표현했다. 하이드리히는 앞서 인용한 1940년 7월 2일자 보고서에서 "특별히 과격한" 총통명령이 육군의 모든 지휘초소에 전달될 수 없다는 점을 지적했다. "그래서 경찰과 친위대의 행동이 멋대로 벌인 잔인한 권력행사처럼 보이게 되었다." 히틀러는 러시아에서 군대가 그렇게 죄 없이 남아 있게 할 수 없다고 생각했다. 1941년 3월 30일, 그러니까 러시아 전쟁이 시작되기 몇 달 전에 이미 그는 고위 장성들에게 순수한 포도주를 선물하면서 이렇게 말했다. "우리는 병사와의 동료애라는 관점을 넘어서야 한다. 공산주의자는 전에도 동료가 아니었고, 후에도 아니다. 절멸 전쟁이 펼쳐질 것이고…… 우리는 적을 보존하기 위해 전쟁을 하는 것이 아니다. 동부에서는 냉혹함이 미래를 위한 온화함이다."

장군들이 어느 정도까지 그런 경고를 따랐는지, 특히 포로로 잡은 정치부 인민위원들을 모두 죽이라는 악명 높은 히틀러의 명령이 얼마나 이루어졌는지는 오늘날에도 논란의 여지가 많다. 하지만 독일군의 손에 들어온 러시아 전쟁포로의 운명에 대해서는 논란의 여지가 없다. 군 최고사령부 담당 부서의 1944년 5월 1일자 목록에 따르면, 516만 명의 러시아군 포로가 있었다. 대부분 1941년의 첫 전투에서 붙잡힌 사람들이었다. 그들 중에서 이 시기에 살아남은 사람은 1,871,000명에 지나지 않았다. 473,000명은 '처형'된 것으로 기록되었고, 67,000명은 도망쳤다. 나머지 300만 명가량은 포로수용소에 갇혀 있다가 대부분 굶어죽었다. 나중에 수많은 독일 포로들이 러시아 수용소에서 살아남지 못했다는 것은 이것에 완전히 대응되는 일이다.

여기서 차라리 잊어버리는 편이 나은 전쟁범죄와 히틀러의 대량학살 사이의 경계가 불분명해진다. 물론 몇 달 만에 포로가 된 수백만 명을 먹이는 데 어려움이 있었고, 그것으로 많은 것이 설명된다. 하지만 그렇다고 모든 것이 설명되지는 않는다. 포로들을 가둔, 새장 같은 수용소에서 굶어죽게 버려두어 서로를 잡아먹게 한 일이 히틀러의 의도였다는 것에 대해 뜻밖의 장소에서 나온 직접적인 고백이 있다. 1942년 12월 12일자 '오찬'에서 히틀러는 스탈린그라드에 갇힌 제6군단의 탈출을 거부하는 이유를 대면서 그중 하나로, 말이 끄는 대포는 그대로 남겨두어야 하는데, 굶주린 말들이 끄는 힘이 충분하지 못하기 때문이라고 했다. 그런 다음 이렇게 덧붙였다. "그게 러시아 놈들이라면 내가 이렇게 말하겠지. 러시아 놈은 다른 러시아 놈을 잡아먹는다. 하지만 나는 말이 다른 말을 잡아먹게 할 순 없어."

러시아의 민간인 지도층에 대한 대량학살은 군대의 임무가 아니라 네 개의 담당 그룹이 맡은 임무였다. 이들은 첫날부터 전선 바로 뒤를 따라가면서 다급하게 살해 임무를 수행했다. 1942년 4월까지—거의 4년간 계속된 전쟁의 처음 열 달 동안—담당 그룹 A(북부) 25만 명 '처형', 담당 그룹 B(중앙부) 7만, 담당 그룹 C(남부) 15만, 담당 그룹 D(맨 남쪽 전선) 9만 명이라 기록하고 있다. 그 이후의 숫자는 남아 있지 않고, 성과 보고가 유대인과 '볼셰비키' 사이를 구분하지 않기 때문에, 유대인이 아니면서 살해된 러시아 민간인의 정확한 숫자를 계산하기는 어렵다. 하지만 그 숫자는 분명 폴란드보다 적을 리 없고 오히려 더 많았을 것이다. 히틀러가 이런 대량학살을 통해 승리의 기회를 더 키우지 못하고, 오히려 줄였다는 것은 이미 앞에서 말했다.

5. 히틀러의 가장 광범위한 대량학살은 잘 알려져 있다시피 유대인에게 자행한 것이다. 1941년 중반 이후로 처음에는 폴란드와 러시아의 유대인에게, 그다음에 1942년 초부터 독일과 나머지 점령된 유럽의 유대인들에게 이루어졌다. 점령된 유럽은 이런 목적을 위해 '서쪽에서 동쪽까지 샅샅이 수색'되었다. '유럽에서 유대 종족의 근절'은 히틀러가 처음부터 추구하고, 1939년 1월 30일에 예고한 일이었다. 엄청난 노력을 기울였으나 이 궁극적 목적이 완전히 달성되지는 않았

다. 그래도 히틀러의 명령에 따라 살해된 유대인의 숫자는 가장 적게 잡으면 400만 이상, 가장 많이 잡으면 거의 600만 명에 이른다. 1942년까지는 피살자들이 미리 파놓은 대형 구덩이 앞에서 총살이 이루어졌다. 뒷날에는 트레블링카, 소비보르, 마이다네크(루블린), 벨첵, 헬름노(쿨름호프), 아우슈비츠 등 여섯 군데 근절 수용소에서 오로지 그 목적을 위해 만들어진 가스실에서 살해되었고, 가스실 바로 옆에 거대한 소각장이 붙어 있었다.

최근에 영국인 역사학자인 데이비드 어빙David Irving이 유대인 학살에 대해 히틀러의 책임이 없다는 주장을 제기했다. 이 대량학살은 히틀러의 등 뒤에서 히믈러가 멋대로 행한 것이라는 주장이다. 어빙의 주장은 근거가 없다. 내적인 개연성이 없기 때문만이 아니라, 제3제국의 상황에서 이 정도 규모의 작전이 히틀러가 모르는 가운데 그의 뜻을 어기며 자행된다는 것은 절대 불가능한 일이었다. 특히 히틀러는 미리부터 전쟁이 나면 '유대 종족의 근절'을 예고하고 있었으니 히틀러와 히믈러 양측의 증언들이 모두 히틀러가 명령을 내리고, 히믈러가 그 명령을 수행한 사람임을 분명히 해주기 때문이다. 히틀러는 1942년, 즉 '최종해결' 명령이 나온 첫해에만 자기가 예고한 일이 실현된 것에 대해 다섯 번 이상 공개적으로 자랑을 했다. 1월 1일, 1월 30일, 2월 24일, 9월 30일, 11월 8일 등이다. 마지막 발언을 여기서 그대로 인용해보자.

여러분은 내가 다음과 같이 선포한 저 의회의 모임을 기억할 것이다. 유대인이 유럽의 종족들을 뿌리 뽑기 위해 국제적 세계전쟁을 벌일 수 있다고 망상한다면 그 결과는 여러 유럽 인종들의 멸종이 아니라 유럽에서 유대인의 멸종이 될 것이다. 사람들은 늘상 나를 보고 예언자라고 비웃었다. 당시 웃었던 사람들 중 수많은 사람들이 오늘은 웃을 수가 없다. 그리고 지금 아직도 웃고 있는 자들은 가까운 시일 안에 더는 웃을 수 없게 될 것이다.

히믈러도 지금 시도되고 있는 유대인 뿌리 뽑기 작전에 자신이 참여하고 있음을 여러 차례 말했지만 말투가 전혀 다르다. 빈정대는 허풍이 아니라 자기 연민의 말투다. 1944년 5월 5일에 이렇게 말한다. "내게 주어진 이런 군대식 명령의 실행이 얼마나 어려운지 여러분은 내 기분을 이해할 것이다. 이 명령을 나는 복종심과 완벽한 확신으로 수행했다." 또는 1944년 6월 21일자, "그것은 한 조직이 받을 수 있는 가장 끔찍한 임무이며 가장 끔찍한 과제이다. 유대인 문제를 해결하는 과제 말이다." 히틀러 말고는 아무도 히믈러에게 '과제'나 '군대식 명령'을 내릴 수 없었다. 괴벨스가 1942년 3월 27일자 일기에 적은, '아주 눈에 띄지 않게 행하는 작업'이라는 또 다른 증언이 거의 필요 없을 지경이다.(이것은 1942년 초 이후로 루블린에서 가동 중인 최초의 가스실에 대한 내용이다.) "여기서는 상당히 야만적인, 그리고 더 자세히 서술할 수 없는 작업이 이루어진다. 유대인들은 그리 많이 남지도 않았다. ……여기서도 총통은 물러서지 않는 선두의 투사요, 과격한 해결책의 대변자다."

어빙이 자신의 주장을 위해 내놓은 유일한 증거는 1941년 11월 30일자 히믈러가 히틀러와 전화 통화를 하고 난 다음에 적은 메모이다. "베를린에서 유대인 수송. 청산은 하지 말 것." 이 경우에 분명히 히틀러가 예외적 지시를 내렸다. 그것은 실제로는 '청산'이 규칙임을, 게다가 히틀러가 살해행위에 대해 세부사항까지 관심을 가지고 있음을 보여준다. 어째서 청산을 금지했는지는 쉽게 알 수 있다. 베를린에서 유대인을 수송하는 일이 너무 일찍 이루어졌다. 아직은 독일의 유대인 차례가 아니었다. 1941년 11월에는 아직 폴란드와 러시아 유대인들의 '청산'이 한창 이루어지던 때로 전 유럽의 '최종해결'은 1942년 1월 20일 반 호수Wannsee 회의에서 조직되었다. 모든 일에는 순서가 있어야 했다. 게다가 가스실과 소각장이 아직 완성되지 않았다. 이 시설들은 1942년에야 서서히 가동되었다.

어빙이 붙잡은 에피소드는 좀 더 자세한 관찰을 요구하는 두 가지 특이한 사실을 밝혀준다. 하나는 독일 여론에 유대인의 대량학살이 어떻게 비치느냐 하는 문제이고, 다른 하나는 숫자 면에서 가장 큰 이 범죄에 나타나는 히틀러의 시간표 문제이다.

히틀러는 방금 보았듯이 1942년이 지나는 동안에 이 범죄를 공개적으로 다섯 차례나 떠벌렸다. 하지만 단지 일반적 어법만 썼다. 세부사항은 독일에서는 가능한 한 오래 비밀에 부쳤다. 찬성을 기대할 수 없고, 반대로 바람직하지 않은 불안과 어쩌면 이미 '안락사 작전'을 방해한 것과 같은 저항이 나타날 수도 있었기 때문이다.

히틀러는 전쟁 전에 두 번 유대인에게 공공연히 폭력을 사용하는 일에 대해 독일의 대중이 어떻게 반응하는지 경험했다. 한 번은 1933년 4월 1일에 돌격대가 전국적으로 시행한 유대인 상점에 대한 구매 거부였고, 또 하나는 오늘날에 '제국의 수정의 밤'Reichskristallnacht이라 불리는 것으로 1938년 11월 9일과 10일에 걸쳐 위에서 내려온 명령에 따라 전국적으로 시행된 대규모 유대인 상점 부수기였다. 그 결과는 그의 눈으로 보면 두 번 모두 부정적이었다. 독일 대중은 함께하지 않았고, 반대로 유대인에 대한 동정심을 보이고 분노와 수치심을 드러냈다. 물론 그 이상은 아니었다. 공개적인 거부는 어디에도 없었지만, 어떻게 해서인지는 몰라도 모든 사람의 입을 통해 퍼진 '제국의 수정의 밤'이라는 표현은 보통의 독일인이 1938년 11월의 만행을 보고 느끼는 당혹감을 보여주었다. 한편으로는 조소와 거부감을, 다른 한편으로는 본연의 잔인함을 보려 들지 않고 깨진 유리창 정도로 사태를 받아들이고 싶은 두려움에 찬 마음이었다.

독일에서 히틀러는 이런 상태를 그대로 두었다. 그가 독일의 유대인에게 그 무엇도 면제해준 것은 아니었다. 하지만 독일의 대중에게는 조심스럽게 모르는 채로 머물러 있을 가능성, 또는 모든 것이 반쯤만 나쁘다고 여길 가능성을 열어두었다. 근절 작전은 독일 바깥 먼 곳, 유럽의 동부 깊숙한 곳에서 이루어졌다. 그곳에서 히틀러는 더 많

히틀러에 붙이는 주석

은 동의를 기대할 수 있었고, 어차피 전쟁 시작 이후로 그곳에선 살인이 표어였다. 독일 국민에게 유대인은 공식적으로는 '이주'하는 것이었다. 히틀러는 심지어 독일의 유대인을 가능하면 직접 근절 수용소로 이송하지 않고 먼저 보헤미아 테레지엔슈타트의 거대한 게토로 보내 그곳에서 한동안 독일에 있는 지인들에게 우편엽서를 쓸 수 있게 했다. 그런 다음에야 아우슈비츠로 보냈다.

그런데도 물론 그곳에서 일어나는 많은 것에 대한 소문이 독일로 흘러 들어왔다. 하지만 정말로 그러기를 바라면 모르는 채로 있거나 적어도 모르는 척할 수 있었다. 자기 자신에게조차 말이다. 그리고 대부분의 독일 사람들이 그렇게 했다. 유대인이 '샅샅이 색출'된 다른 유럽 국가의 대부분 시민들도 마찬가지였다. 그에 맞서 무엇인가를 했다가는 누구든 목숨이 위태로웠고 전쟁으로 어려운 상황에서 저마다 자기 걱정만으로도 차고 넘쳤다. 개인이 모험해볼 수 있는 최고의 일이래야 가까운 유대인 친구들이 숨는 것을 도와주는 정도였다. 독일에서도 그런 일이 있었다. 물론 네덜란드와 덴마크에서 훨씬 더 많았지만. 전체적인 범죄를 막기 위해서는 봉기가 필요했겠지만, 전쟁과 독재의 상황에서 어떻게 그렇게 하겠는가? 어쨌든 히틀러의 대량학살은 7월 20일의 반란자 그룹에게 명예를 부여해주었다. 슈베린 폰 슈바넨펠트 백작은 7월 20일 사건을 다룬 민족재판소의 재판에서 동기에 대한 물음에, 재판을 주도하던 프라이슬러Roland Freisler가 소리쳐서 그의 입을 막기 전에 "나는 수많은 학살을 생각했다."는 말을 했다.*

앞으로도 오랫동안 독일 사람들을 따라다닐 비난, 곧 그런 일이 일어나도록 방치했다는 비난은 여기서 우리의 주제가 아니다. 우리는 히틀러만을 다룬다. 그가 자기 나라 사람들을 믿지 못해서 자신의 가장 큰 범죄를 그들에게 완전히 알려주지 못했다는 사실은 여전히 흥미롭다. 지난 10년 동안 온갖 반유대주의 선전에도 불구하고 그들이 유대인 시민들에 대한 대량학살을 각오했다고 믿지는 못했던 것이다. 그는 자기 생각대로 그들을 그 무엇을 보고도 물러서지 않는 '영웅민족'으로 만들지 못했다. 그리고 그가 마지막 몇 해 동안 그들을 점점 더 경멸하고, 그들과의 접촉을 끊고 그들의 운명에 점점 더 무관심해지고, 마침내는 그들을 향해서도 근절 명령을 내리게 된 여러 이유들 중의 하나가 아마 이것일 것이다. 그에 대해서는 다음 장에서 다루기로 하자.

지금은 한 번 더 어빙의 히틀러에 대한 책임면제 주장으로 돌아가자. 1941년 11월 30일에 히틀러에게 내린 지시는 이날 베를린에서 수송한 유대인을 청산하지 말라는 내용이었다. 이 날짜가 흥미롭다. 그것은 모스크바 앞에서 러시아의 반격이 시작되기 5일 전이었다. 이

---

* 슈베린 폰 슈바넨펠트(Schwerin von Schwanenfeld, 1902~1944) 백작은 귀족으로 2차 대전에 장교로 참전했다. 1944년 7월 20일 히틀러 암살을 모의한 쿠데타에 참가했다가 8월 21일에 민족재판소의 판결을 받고 처형되었다. 원서에서 인물의 이름에 혼선이 나타나서 원서 편집자가 각주에 이름을 교정해놓았다. 여기서는 교정된 이름을 옮겼다.

반격을 통해 히틀러는 어떤 승리도 더는 쟁취할 수 없다는 것을 확신하게 되었다. 그리고 이 날짜는 미국에 선전포고를 하기 열흘 전이었고, 그는 이 선전포고로 패배를 확정지었다. 또한 이 날짜는 '유대인 문제의 최종해결', 그러니까 독일과 전 유럽의 유대인을 죽음공장에서 조직적으로 살해하기로 확정하는 반 호수 회의가 있기 15일 전이었다.(그때까지 유대인 학살은 폴란드와 러시아로만 한정되었고, 힘든 방식인 대량 총살로 이루어지고 있었다.)

이 세 날짜 사이에는 분명한 맥락이 있다. 히틀러가 아직 러시아에서 1년 전 프랑스에서 거둔 것과 비슷한 빠른 승리의 희망을 품고 있는 동안, 그는 이 승리를 영국의 양보에 대한 희망과 연결시켰다. 영국은 러시아를 잃으면 마지막 '대륙의 검'을 잃어버릴 것이기 때문이다. 그는 자주 그런 말을 했었다. 하지만 그러려면 영국에 대해 협상 능력을 갖추어야 했다. 무슨 일이 일어나든 모두 곧바로 영국으로 보고되는 나라[독일]에서 대량학살을 하는 사람으로 보여서는 안 되었다. 그는 전쟁이 계속되는 한 적어도 외부 세계에는, 폴란드와 러시아에서 하는 일을 비밀에 부칠 수 있기를 바랐다. 그에 반해 프랑스, 네덜란드, 벨기에, 룩셈부르크, 덴마크, 노르웨이, 독일에서 일어나는 대량학살은 곧바로 영국에 보고되고, 히틀러는 영국과는 그 무엇도 할 수 없게 될 것이다. 그리고 결국 그렇게 되었다. 1942년 1월에 서방의 새로운 전쟁 목적으로 '이 범죄에 대한 처벌'이 선언되었다.

다른 말로 하자면 이렇다. 전 유럽의 유대인을 뿌리째 뽑아버리겠다는 그의 오랜 소망은 영국과의 타협에 의한 평화의 희망을 (더불어 미국의 참전을 막을 희망도) 완전히 포기해야만 실현할 수 있었다는 말이다. 1941년 12월 5일 이후에야 비로소 그렇게 행동했다. 모스크바 앞에서 러시아군의 공세가 시작되면서 그는 러시아에 대한 승리의 꿈을 잃었다. 그것은 분명 그에게는 특별한 충격이었을 것이다. 두달 전만 해도 그는 '이 적敵은 이미 바닥에 뻗었으니 다시는 못 일어날 것'이라고 예측했었다. 이런 충격의 여파 속에서 그는 '얼음처럼 차갑게' 그리고 '번개처럼 재빨리' 마음을 바꾼 것이다. 히틀러의 결론은 러시아에서 승리할 수 없다면, 영국과의 평화 가능성도 없다는 것이었다. 그래서 그는 미국에도 선전포고를 할 수 있었고, 그렇게 오래 루스벨트의 도전에 응하지 않다가 마침내 응하게 된 것이다. 그보다 더 큰 만족을 얻었으니, 곧 유럽 전체에 '유대인 문제의 최종해결'을 지시할 수 있게 되었다. 이런 범죄가 영국과 미국에서 불러일으키는 효과에 대해 더는 신경 쓸 필요가 없어졌기 때문이다.

물론 그는 이 모든 것으로 독일의 패배를 피할 수 없는 것으로 만들고, 또한 패배에 뒤이어 처벌이 따르지 않을 수 없도록 했다. 하지만 그런 일이 그에게 그다지 장애가 되지 않았다는 것은 앞장에서 인용한 11월 27일자 덴마크와 크로아티아 외무장관과의 대화 부분에 밝혀놓았다. 여기서 그는 독일이 이길 수 없다면 붕괴해야 하고, 그런 독일을 위해 눈물 한 방울 흘리지 않겠노라고 분명하게 말했다.

간단히 말해서 1941년 12월 불과 며칠 사이에 히틀러는 처음부터 추구하던 서로 합칠 수 없는 두 가지 목표 중에서, 그러니까 독일의 세계지배와 유대인의 근절 중에서 최종 결정을 내린 것이다. 첫 번째 목표를 달성할 수 없는 것으로 여겨 포기하고 두 번째 목표에만 집중하기로 한 것이다.(11월 30일은 이런 결정을 내리기 며칠 전이었다.) 아니, 그 이상이었다. 그는 이제는 오랫동안 입에 군침이 돌게 하던 유럽 전 지역의 유대인 근절을 수행하기 위해, 가능한 온갖 결과를 포함하여 독일의 완전한 패배를 받아들였던 것이다.

이렇게 보면 앞의 장에서 어떤 정치적 관점으로도 설명할 수 없었던 미국에 대한 선전포고가 설명된다. 정치가 히틀러가 1941년 12월에 마침내 물러나면서 대량학살자 히틀러에게 자리를 내준 것이다.

또한 앞의 장에서 그에 대해 놀랐던 것이지만, 옛날에 정치적 활동과 결정 내리기를 좋아하던 태도와는 극히 대조적인, 전쟁 후반부 히틀러의 정치적 비활동성과 태만도 이것으로 설명이 된다. 그는 정치에 매우 재능이 있었지만 이제는 관심이 없어졌다. 이제 그가 유일하게 추구하는 목적을 위해서는 정치가 필요 없었다. "정치? 나는 정치 같은 것 더는 안 해. 역겨워서." 이 발언(총통 사령부에서 리벤트로프Joachim von Ribbentrop의 연락책이던 헤벨에게 한 말)은 더 뒷날인 1945년 초에 나왔지만, 1942년 이후라면 언제라 해도 상관없는 말이다. 1941년 말부터 히틀러는 정치를 하지 않았다. 그가 한 일이라곤 살인뿐이었다.

히틀러가 이제 전보다 더욱 밀도 있게 행한 것은 군사적 전쟁 수행이었다. 군사적인 전쟁을 수행하는 것은 아직 필요한 일이었다. 의도한 대량학살을 수행할 시간을 벌기 위해서, 그리고 자신의 희생자를 찾아낼 땅을 지키기 위해서였다. 1942년 이후 몇 년 동안은 오로지 시간 벌기와 영토 수호에만 초점이 맞추어졌다. 늦어도 1943년 초 이후로는 히틀러 말고 다른 사람이라면 협상에 의한 평화의 기회로 잡을 수도 있었을 당당한 개별적 군사적 승리를 얻기 위해 노력하지 않았고, 장군들이 개별적으로 그런 주도권을 쥐어도 (롬멜이 1942년 여름에 아프리카에서, 만슈타인이 1943년 초에 우크라이나에서) 그는 그들을 후원하지 않고 오히려 방해했다. 그런 것조차 더 이상 그의 관심거리가 아니었다.

이 모든 것은 그가 1941년에서 42년으로 해가 바뀌던 시기에 이미 최종적인 패배를 받아들이고 있었음을 말해준다. 어쨌든 1942년 11월에 이중 의미로 많은 것을 드러내주는 유명한 그의 발언이 나왔다. "나는 기본적으로 언제나 12시 5분에야 멈춘다."는 말이다. 독일을 둘러싼 포위망이 점점 좁혀지던 이 시기에도 그가 사령부의 테이블 담화에서 아직도 여전히 쉽게 깨지지 않는 자기만족과 심지어 이따금 꽤 기분이 좋아 보이기까지 한 것은, 연합군이 매일 가까워지는 만큼 이제 남은 마지막 목적 실현에 다가가고 있음을 의식한 것으로밖에 설명할 수 없다. 3년 동안 날마다 전 유럽에서 유대인 가족들은 자기들의 집이나 숨은 장소에서 끌려나와 동쪽으로 이송되어 벌거벗은 채로 죽음공장으로 밀려 들어가고 있었다. 그곳 소각장 굴뚝은 날마다 연기를 피워 올렸다. 이 마지막 3년 동안 히틀러는 지난 11년처럼 성공을 즐기지는 못했다. 하지만 그것을 포기하기는 쉬웠다. 그 대신에 전보다 더 많이 살인자의 기쁨을 맛볼 수 있었기 때문이다. 마지막 배려마저 버린 채 희생자를 손에 쥐고 멋대로 행동하는 살인자였다.

전쟁의 마지막 3년 반 동안 히틀러에게 전쟁은 일종의 경주가 되었고, 그는 여전히 이 경주에서 이기기를 바랐다. 누가 먼저 결승점에 도달할 것인가? 유대인 근절을 목적으로 하는 히틀러인가, 아니면 독일의 군사적 패배를 목적으로 하는 연합군인가? 연합군은 결승점에 도달하는 데 3년 반이 걸렸다. 그 사이에 히틀러도 자신의 결승점에 끔찍이도 가까이 다가갔다.

배신

Anmerkungen

zu Hitler

히틀러가 엄청난 범죄의 대상으로 삼은 민족들에게 가장 큰 해악을 준 것이 아니라는 사실은 흥미롭지만, 이상하게도 거의 주목을 받지 못했다.

소련은 히틀러로 인해 적어도 1,200만 명, 자기들 주장으로는 2천만 명을 잃었다. 하지만 히틀러로 인해 그들은 억지로나마 엄청난 노력을 해야 했고, 그 결과 소련은 이전과는 완전히 다르게 초강대국에 올라섰다. 폴란드에서 히틀러는 600만 명을, 또는 폴란드 유대인을 계산에서 빼면 300만 명을 죽였다. 하지만 히틀러 전쟁의 결과 전쟁 이전보다 지리적으로 더욱 확고하고 민족적으로 더욱 순수한 폴란드가 되었다. 히틀러는 유대인을 뿌리째 없애려 들었다. 실제로 그의 권력이 미치는 지역에서는 거의 성공할 뻔했다. 하지만 히틀러의 근절 시도는 400만에서 600만 명의 목숨을 빼앗은 다음 살아남은 사람들에게 국가 건설에 꼭 필요한 절망의 에너지를 불어넣었다. 거의 2천 년

이 흐른 다음 유대인들은 히틀러 이후에 국가를 갖게 되었다. 자랑스럽고 영예로운 국가다. 히틀러가 없었다면 이스라엘은 없었을 것이다.

히틀러 자신은 전쟁을 원치 않았고, 언제나 절반의 힘과 절반의 마음만 기울여 전쟁을 했던 영국에 히틀러는 훨씬 더 큰 손실을 남겼다. 영국은 히틀러 전쟁을 통해 제국을 잃고 전과는 달리 이제 더 이상 초강대국이 아니다. 그리고 히틀러의 노력을 통해 프랑스와 서유럽의 다른 나라들도 비슷한 위신의 추락을 겪었다.

아주 객관적으로 관찰하면 히틀러는 독일에 가장 많은 피해를 남겼다. 히틀러는 독일 사람들도 끔찍한 인신 제물로 바쳤다. 700만 명이상이니, 유대인이나 폴란드 사람보다 더 많다. 다만 러시아만 독일보다 더 많은 피를 흘렸다. 나머지 전쟁 참가국의 피해 목록은 이들 네 나라에 비할 바가 못 된다. 소련과 폴란드가 끔찍한 피를 흘린 다음 이전보다 더욱 강해졌고, 이스라엘은 유대인의 희생에 힘입어 비로소 그 존재를 얻게 되었다. 그에 반해 독일 제국은 지도에서 사라졌다.

히틀러 때문에 독일은 서유럽의 이전 강대국들과 똑같은 위신의 추락을 겪었다. 뿐만 아니라 이전 국토('생존공간')의 1/4을 잃고, 나머지는 분단되었다. 그리고 두 분단국가는 적대적인 세력에 제각기 편입되어 부자연스런 적대 관계를 유지하고 있다. 둘 중 큰 나라, 곧 연방공화국[서독]이 오늘날 다시 잘살게 된 것은 히틀러의 공이 아니다. 히틀러는 1945년에 독일 전체에 황무지를 남겼다. 심리적인 황무지였고, 너무 쉽게 잊히곤 하지만 정치적으로도 황무지였다. 시신, 쓰레기, 폐허와, 집도 없이 굶주리며 떠도는 수백만 명의 사람들뿐만 아니라, 망가진 행정부와 파괴된 국가를 남겼다. 그는 이 두 가지, 인간의 참상과 국가 파괴를 전쟁 마지막 몇 달 동안 의도적으로 불러들였다. 심지어는 그보다 더 나쁜 것을 원했다. 독일에 대한 그의 마지막 프로그램은 민족의 죽음이었다. 마지막 국면에서만큼은 히틀러는 독일에 대해 의도적인 배신자였다.

그것은 오늘날 독일의 젊은 세대에게는 직접 경험한 사람들처럼 의식되지는 않는 일이다. 히틀러의 마지막 몇 달에 대한 전설이 만들어졌다. 그를 돋보이게 만드는 전설은 아니라도 1945년 독일이 단말마 비명을 내지르게 만든 책임에서 어느 정도 자유롭게 만드는 전설이다. 그에 따르면 전쟁 마지막 국면에 히틀러는 자기 자신의 그림자에 불과했다는 것이다. 심하게 병든 남자, 인간 난파선, 결정 능력을 잃고 주변의 파국을 마비된 듯이 바라보는 사람이었다는 전설. 1945년 1월부터 4월까지의 그를 알려주는, 널리 퍼진 이미지에 따르면 그는 모든 결과에 대한 통제력을 잃고, 지하벙커에서 존재하지도 않는 군대를 지휘하고, 통제되지 않는 분노의 폭발과 무기력한 체념 사이를 오가며, 거의 마지막 순간까지 베를린의 폐허 속에서 최종 승리를 몽상하고 있었다. 한마디로 그는 현실에 대해 눈이 멀고 계산 능력을 잃었다는 것이다.

이런 이미지는 핵심을 빗겨가게 한다. 물론 1945년에 히틀러는 건강이 가장 좋은 상태는 아니었다. 분명 그는 나이가 들었고, 전쟁 5

년이 지난 뒤로는 신경이 약해지고 (처칠과 루스벨트도 그랬듯이) 점점 더 자주 우울증과 분노의 발작을 일으켜 주변을 놀라게 했다. 하지만 그 모든 것을 효과적인 검은색과 유황색으로 칠해서 신들의 황혼*의 장면을 탐닉하려는 유혹에 빠져들면, 한 가지를 놓치게 된다. 결단력과 실천의지로 말하자면, 이 마지막 몇 달 동안의 히틀러가 최고의 형식에 한 번 더 다다랐다는 것을 말이다. 의지가 마비되고, 묘안 없이 일상 속에 갇히는 일은 오히려 그보다 이전의 시기인 1943년과 1944년의 전반부에 확인된다. 1943년에 괴벨스는 일기에서 근심스럽게 '총통 위기'라는 말을 썼다. 하지만 패배를 눈앞에 두고 히틀러는 마치 갈바니 전기요법이라도 받은 것처럼 온전해졌다. 손은 떨고 있었을지 몰라도 떨리는 손이 움켜쥐는 힘은 여전히, 또는 다시 과격하고도 치명적이었다. 1944년 8월부터 1945년 4월까지의 몇 달 동안 신체적으로 허물어지는 가운데 히틀러가 보여준 이를 악문 단호함과 격한 활동성은 놀랍고도 경탄이 나올 정도이다. 다만 그것은 점점 더 분명해지면서 오해의 여지가 없어지는 뜻밖의 목적을 지향하고 있었다. 오늘날 많은 사람이 믿을 수 없다고 생각하겠지만 그것은 독일의 완

• 신들의 황혼Götterdämmerung은 바그너의 4부작 오페라 「니벨룽의 반지」 중 마지막 작품의 제목이다. 이것은 원래 북유럽 신화에 나오는 용어인 '라그나뢰크'를 도이치어로 번역한 것이다. 신들과 거인들이 대규모 최후의 전쟁을 벌여 신들과 거인들 모두가 죽는 것을 가리키는 말이다. 세계가 두 진영으로 나뉘어 거대한 전쟁을 벌이고, 결국 유럽이 힘을 잃고 독일이 몰락한 2차 세계대전의 종말은 바그너 오페라 「신들의 황혼」의 종결부와 매우 비슷한 느낌을 준다. 히틀러의 최후는 자주 「신들의 황혼」의 마지막 장면에 견주어지곤 한다.

전한 폐허를 지향했다.

처음에는 분명하게 알아볼 수 없었지만, 마지막에는 극히 분명해졌다. 이 마지막 국면에서 히틀러의 정책은 전혀 다른 세 개의 국면을 보인다. 처음에(1944년 8~10월) 그는 패배한 전쟁이 중단되는 것을 성공적으로 방해하면서 최후의 결전을 준비했다. 두 번째 국면에(1944년 11월~1945년 1월) 서방을 향해 마지막 기습을 행했다. 세 번째 국면에는(1945년 2~4월) 1941년까지의 정복과 1942년부터 1944년까지 유대인 근절에 쏟아부은 것과 동일한 에너지로 독일의 전면적 파괴를 위해 노력했다. 히틀러의 이 마지막 목적이 어떻게 점차 분명해졌는지 보기 위해서 우리는 마지막 9개월 동안의 히틀러의 활동을 조금 상세히 관찰해야 한다.

1944년 8월 말 전쟁의 상황은 군사적으로 보면, 1918년 9월 말 독일 군대의 독재자 유형의 사령관 루덴도르프가 전쟁을 포기할 때의 상황과 상당히 비슷했다. 다시 말해 인간의 척도로는 패배를 뒤집을 수 없이 종말이 보이는 상황이었다. 하지만 아직은 끝이 아니었고, 아직 패전이 완료된 것도 아니었다. 1918년에도 1944년에도 아니었다. 독일 영토에는 아직 적군이 한 명도 없었다. 1918년에도 1944/45년처럼 전쟁을 이듬해까지 질질 끄는 것이 가능했을 것이다.

루덴도르프는 이런 상황에서 분명히 "전쟁은 끝났다."라는 확신에 이르렀다. 그는 휴전청원을 했다. 휴전청원을 믿을 만하게 하고, 또한 전쟁 책임이 적고 협상 능력이 있는 독일 대표를 만들기 위해,

자신의 정적들을 행정부에 영입했다. 그는 나중에 자신이 스스로 임명한 이런 청산행정부가("그들이 그 결과를 떠안아야 한다.") 패배하지 않은 군대를 뒤에서 단도로 찔렀다고 고발함으로써, 사후에 1918년 9월의 자신의 행동방식을 추한 것으로 만들었다. 하지만 그 자체로 보면 책임감 있는 애국자의 행동방식이었다. 패배에 직면하여 조국에 최악의 것을 피하고, 그나마 구할 수 있는 것을 구하려는 목적에 따른 행동이었다.

1944년 8월 22일에 히틀러는 루덴도르프가 1918년 9월 29일에 행한 것과는 정확히 반대로 행동했다. 그는 '뇌우 작전'을 펼쳐서, 갑작스럽게 옛날 바이마르 공화국의 장관·시장·의원·당직자·정책담당 공무원 등을 체포하도록 했다. 그들 중에는 뒷날 연방공화국의 출범 시기에 주인공이 되는 콘라트 아데나우어Konrad Adenauer와 쿠르트 슈마허Kurt Schmacher 등도 끼어 있었다. 이들은 루덴도르프가 비슷한 상황에서 정부를 넘겨주고 전쟁의 청산을 맡긴 인물들로서, 이른바 독일의 정치적 예비군이었다. 루덴도르프는 피할 수 없는 패전에 직면하자 그들에게 지배권을 넘겼다. 히틀러는 비슷한 상황에서 그들을 배제했다. 당시 언론에 공개되지 않았던 이 조치는 역사 서술에서 묘하게도 주목을 받지 못하였다. 이 사건과는 직접 관계가 없는 7월 20일의 히틀러 암살 모의자들에 대한 박해와 한 틀에 넣어지곤 했다. 하지만 이 조치는 히틀러 생각에 너무 일찍 이루어졌던 1918년의 전쟁 중단이 이번에도 되풀이되는 것을 반드시 막으려는 첫 번째 조치였다. 그 어떤 기회도 남김없이 쓰라린 마지막 순간까지 싸우기로, 그의 말대로 하자면 "12시 5분까지" 계속 싸우기로 결심했고, 이런 점에서 그 누구의 방해도 받지 않기로 단호히 마음먹은 상태였다.

이 시점에서의 이런 결심에 대해서는 아직 다르게 생각할 수도 있다. 역사를 통틀어 패배의 상황에서는 두 가지 사고방향과 두 가지 행동방식이 나타난다. 각각 실용적 방식과 영웅적 방식이라고 부를 수 있을 것이다. 하나는 가능한 한 많은 실체를 구하는 것이고, 다른 쪽은 감동적인 전설을 남기는 것이다. 상황에 따라 두 경우 모두 변명할 말이 있다. 특히 두 번째 방식을 위해서는, 미래는 절대로 미리 내다볼 수 없으며, 변할 수 없어 보이던 것이 이따금 뒤집히기도 한다고 말할 수 있을 것이다. 독일의 역사에는 유명한 프리드리히 대왕의 예가 있다. 1760년에 프리드리히 대왕은 1918년의 루덴도르프, 1944년의 히틀러와 비슷한 상황에서, 전혀 예측할 수 없었던 러시아의 황제 교체와 그에 따른 동맹국 교체*, 즉 '브란덴부르크 가문에 내린 기적'을 통해 구원을 받았다. 만일 프리드리히 대왕이 미리 포기했더라면

---

* 러시아의 여황제 엘리자베타(Elizabeta Petrovna, 1709~1762)는 7년 전쟁(1756~1762)에서 프리드리히 2세의 가장 확고한 적이었다. 그녀가 갑자기 죽으면서 조카인 표트르 3세(1728~1762)에게 제위가 넘어갔다. 표트르는 원래부터 프리드리히 왕을 열렬히 숭배하고 있었기에, 즉각 러시아 군대를 철수시키면서 프로이센과 화평을 맺었다. 이것이 프리드리히 왕에게 엄청난 행운이 되어 그는 이 불가능한 전쟁에서 승리할 수 있었다. 표트르가 즉위하면서 러시아군에게 철수명령을 내린 이 사건은 '브란덴부르크 가문에 내린 기적'이라고 불린다. 표트르는 6개월 만에 아내에게 암살되고 그의 아내가 황위에 올라 유명한 예카테리나 2세, 곧 예카테리나 대제가 된다.

구원해줄 우연이 너무 늦게 온 셈이 되었을 것이다. 물론 기적이란 역사에서 예외이지 규칙은 아니다. 기적을 기대하는 사람은 당첨 가능성이 거의 없는 로또 복권을 하는 셈이다.

프리드리히 대왕의 예는 전쟁의 마지막 해에 독일의 선전에서 아주 많이 활용되었지만 히틀러의 여러 동기들 중에서 정말로 큰 역할을 했는지는 의문의 여지가 있다. 현대의 국민 전쟁은 18세기 내각에서 결정하는 전쟁과는 다르다. 오히려 1918년 11월의 예가 히틀러의 동기들 중에서 결정적인 역할을 한 것으로 보는 편이 더욱 낫다. 1918년 11월은 히틀러의 각성 체험이었다. 히틀러에게는 너무 일찍 패배한 전쟁에 대한 눈물 나는 분노가 젊은 날의 잊을 수 없는 경험이었고, 다시는 1918년 11월을 허용하지 않으리라는 결의가 정치가가 되기로 결심하는 데 주된 추진력이었다. 이제 정말로 패배가 가까이 다가와 있었고, 히틀러는 어떤 의미에서 목적지에 도달했다. 1918년 11월이 다시 눈앞에 있었다. 히틀러는 이번에는 그것을 막을 수 있는 위치에 있었다. 그리고 그렇게 하기로 결심하였다.

하지만 여기서 1918년의 시점에 아주 강렬했다가, 지금 다시 피어난 증오, 독일 '11월의 범죄자들'에 대한 증오, 곧 독일 사람들에 대한 증오를 보지 못한 채 넘어가서는 안 된다. 『나의 투쟁』에서 히틀러는 1918년 이후에 나온 어느 영국인 기자의 진술에 충심으로 동감한다며 인용하였다. "독일인 세 명 중 한 명이 배신자다." 이제 그는 전쟁에서 패배했다는 분명하고도 정확한 생각을 표현하는 모든 독일인,

히틀러에 붙이는 주석

그리고 이 전쟁이 끝난 다음까지 살아남고 싶다는 소망을 드러내는 모든 독일인을 가차 없이 죽이려고 했다. 히틀러는 언제나 커다란 증오를 품고 있었고, 사람을 죽이는 행위에서 많은 기쁨을 느꼈다. 여러 해 동안 유대인, 폴란드인, 러시아인을 향해 분출하던 히틀러의 증오의 힘, 히틀러의 내면에 있는 살인충동은 이제 공개적으로 독일인을 향했다.

1944년 늦여름과 초가을에 히틀러는 어떤 이유에서든 한창 때를 연상시키는 에너지와 성과 능력을 과시했다. 8월 말에는 이미 서부 전선에 전선이랄 게 거의 남아 있지 않고, 동부에도 히틀러의 말대로 '전선보다 구멍이 더 많은' 상황이었다. 10월 말에 두 전선이 모두 한번 더 일어섰다. 연합군의 공세는 정체된 상태였는데, 히틀러는 시민군 동원을 명령했고, 열여섯 살에서 예순 살까지 남자들이 동원되었다. 그가 아직도 비축해두고 있다는 기적의 무기에 대한 선전용 소문을 적극 퍼뜨려서 사기를 높였다. 물론 독일에는 1945년의 실질적인 기적의 무기인 원자폭탄이 없었고, 미국에 있었다. 히틀러가 소망한 대로 이를 악문, 길고도 유혈이 낭자한 전면적 방어전쟁, 1944년 가을에 그가 정말로 시도했던 방어전쟁이 현실이 되었다면, 최초의 원자폭탄이 일본이 아닌 독일에 떨어졌을지도 모른다고 생각하면 기묘한 일이다.

하지만 히틀러 자신이 이 방어전쟁을 위해 비축한 힘을 긁어모으지 않고, 다시 낭비해버렸기에 그것은 현실이 되지 않았다. 1944년

11월에 그는 한 번 더 공세를 펴기로 결심했다. 그것도 서부전선에서. 1944년 12월 16일에 독일군은 아르덴 산맥에서 마지막 공격을 시작했다.

이 아르덴 공격을 우리는 2차 세계대전의 다른 군사적 활동과는 달리 여기서 조금 더 상세히 살펴보기로 한다. 그것은 단순한 에피소드 이상이기 때문이다. 이 공격으로 인해 마지막에 독일의 동서東西 분단선이 생겼다. 그리고 이 공격과 더불어 히틀러가 자기 나라에 대한 공격을 시작했기 때문이다.

아르덴 공격은 2차 대전의 다른 어떤 기획보다도 더 많이 히틀러 자신의 작품이었는데, 군사적으로 보면 정신 나간 기획이었다. 공격이 성공하기 위해서는 당시 전쟁 기술의 조건으로 보아 적어도 3 대 1 정도로 전력이 우세해야 했다. 하지만 1944년 12월에 서부전선에서 힘의 상황은, 완전히 우세한 연합군의 공군력을 빼고 보아도 1 대 1에 못 미쳤다. 약자가 강자를 공격한 것이다. 게다가 공격 지점에서 잠깐만이라도 우세하기 위해서 히틀러는 골격만 남기고 동부의 방어 전선에서 병력을 몽땅 동원해야만 했는데, 당시 참모총장 구데리안이 러시아군이 강력한 공격을 해 올 것이라는 절망적인 경고를 했는데도 불구하고 그렇게 했다. 히틀러는 이중으로 큰 모험을 한 것이다. 서부전선의 공격이 실패로 돌아가면—병력의 상황으로 보아 충분히 예상할 수 있는 일—나중에 제국 서부 지역의 방어를 위해 꼭 필요한 병력을 소진하는 것이고, 동시에 러시아군이 공격해 올 경우—그 또한 예상할 수 있는 일—동부전선의 방어를 불가능하게 하는 것이었다.

두 가지 모두 실제로 일어났다. 아르덴 공격은 실패하고 러시아 군이 공격해 왔다. 처음에 안개 낀 날씨 덕분에 연합군의 공군편대가 지상에 묶이면서, 독일군의 공격은 크리스마스 전 주의 겨우 며칠 동안 만족할 정도는 아니지만 아무튼 성과를 올렸다. 그런 다음 하늘이 개자 크리스마스를 전후한 며칠 동안, 공격을 담당한 독일의 장갑차 2개 군단이 공습에 무너지면서 1월 첫째 주에 겨우 잔해만 남아 출발지점으로 돌아왔다. 1월 12일에 러시아군은 독일 동부전선에 남아 있던 얇은 방어막을 뚫고 단번에 바익셀 강에서 오데르 강에 이르렀다. 이는 모두 이미 예측되었고, 구데리안이 히틀러에게 필사적으로 집요하게 거듭 따져서 들려준 바이기도 했다. 하지만 히틀러는 전혀 들으려 하지 않았다. 아르덴 공격은 그 자신의 발상이었다. 끝에서 두 번째(맨 마지막 발상은 앞으로 보게 될 것이다.) 발상이었고, 그는 입을 앙다물고 그 실천을 고집했다.

어째서였을까? 그것은 오늘날에도 완전히 풀리지 않은 수수께끼다. 군사적인 이유들은 빼기로 하자. 히틀러는 오늘날 흔히 서술되듯이 군사 문제에 있어서 아무것도 모르는 문외한이 아니었다. 군사지식 수준에서 보면 그는 자기가 하는 시도의 성공 전망에 대해 어떤 망상도 가졌을 리가 없다. 공격에 참가한 장교들(그가 용기를 주기 위해 미리 소집했던)에게 그런 망상을 떠들어댔다고 해도, 그가 정말로 그런 망상을 가졌다는 증거는 아니다.

오히려 외교적인 동기를 짐작할 수 있다. 서부전선에서의 공격이 성공한다 해도 히틀러가 그것을 위해 동부전선을 약화시키고 독일 동부를 러시아 공격에 맡겨둔다면, 서부전선의 정치가들에게 히틀러가 이제는 러시아가 아니라 자기들을 핵심적인 적으로 본다는 신호로 작용할 수 있었다. 독일 전체가 그로 인해 러시아 점령지역으로 떨어질 텐데도, 남은 병력 전체를 서부전선에 투입했기 때문이다. 이렇게 말할 수도 있겠다. 히틀러는 서방세력이 나치 독일과 볼셰비키 독일 중에서 하나를 선택하도록 할 셈이었다고. 그러니까 이런 질문에 직면하도록 말이다. "너희들은 라인 강변에 누구를 두고 싶으냐? 스탈린이냐, 아니면 나냐?" 그리고 그는 아직도 그들이 자기를 선택할 것이라고 믿었다. 하지만 이 점에서 물론 그는 잘못 생각했다.―그가 정말로 그렇게 믿었다면. 루스벨트는 1945년에는 스탈린과 협력을 할 수 있으리라고 확신했다. 처칠은 이런 확신을 공유하지는 않았지만, 선택을 해야 했다면 역시 히틀러보다는 스탈린을 선택했을 것이다. 히틀러는 대량학살을 통해 서방에서는 완전히 받아들일 수 없는 인물이 되어 있었다. 하지만 그 자신은 그것을 알지 못했다고 생각해볼 수는 있다. 4월에도 여전히 독일이 서부전선에서 서방세력에게 항복하고, 연합군과 함께 동부전선의 싸움을 계속하겠노라는 제안을 했던 히틀러도 그랬으니까. 또는 히틀러가 그것을 알았다 하더라도, 선택에 직면하자 1945년에 서부전선보다 동부전선에서의 패배를 선택했다는 근거들이 있다. 다른 독일인들과는 반대였다. 그들은 러시아의 기습을 두려워했다. 많은 사람들이 이 시기에 미국과 영국군의 점령을 해결책처럼 여겨 간절히 바라기 시작했다. 전쟁이 진행되면서 스탈린에 대한 히틀러의 존경심은 점점 커진 데 반해, 처칠과 루스벨트에 대해서는 깊은 증오심을 갖게 되었다. 히틀러에게서 이중적인 사고방식이 보이는데, 이것은 다음과 같이 요약될 수 있다. 동부전선에서 임박한 패배를 받아들이고, 서부전선에서 뜻밖의 극단적인 결전을 벌이면 서방세력에게 두려움을 주어 마지막 순간에 타협을 각오하게 만들지도 모른다. 그렇지 않다면, 그 또한 좋다. 그렇게 되면 정말로 동부전선에서 패배하게 될 것이고 그러면 서방세력은 자기들의 몫이 무엇인지를 보게 될 것이다. 물론 이것은 상당히 뒤틀린 사고방식이다.

　하지만 히틀러의 핵심 동기가 전혀 외교적인 것이 아니라 국내 문제이고, 실제로 자기 나라 사람들을 향한 것이었다고 추정하면 그의 사고방식은 훨씬 덜 복잡한 것이 된다. 국민의 다수와 히틀러 사이에는 1944년 가을에 이미 틈이 벌어져 있었다. 대다수 국민은 히틀러가 바라는 전망 없는 결전을 원하지 않았다. 그들은 1918년 가을과 같은 결말이 나기를 원했고, 이제 그만 끝나기를, 가능하면 온건한 결말, 그러니까 서부전선에서 끝나기를 바랐다. 그러니까 러시아군을 밖에 묶어두고 서방세력을 들어오게 하는 것, 그것이 1944년 말에 대부분의 독일 국민이 속으로 바라던 결말이었다. 히틀러는 아르덴 공격으로 그것을 망쳐놓을 수가 있었다. 그는 그렇게 생각하는 사람들을 모조리 죽일 수는 없었다. 그들은 너무 많았고, 대부분의 사람은 조심스러워 그런 생각을 발설하지 않았으니까. 하지만 그들이 온 갖 어려움을 이겨내면서 마지막까지 자기와 함께하지 않는다면, 그들을 러시아의 복수에 넘길 방책이 그에게 있었다. 구원과도 같은 미군과 영국군에 의한 점령을 바라는 그들의 소망을 없애버릴 수가 있었다. 그렇게 보면 군사적으로는 완전히 미친 짓이고, 외교적으로는 터무니없는 망상에 지나지 않았던 아르덴 공격이 갑자기 명료한 의미를 갖는다. 그래서 아마도 이렇게 관찰하는 것이 정확할 것이다. 하지만 그것은 또한 히틀러가 이제는 독일과 그 국민에 맞선 정책을 펴고 있었다는 뜻이다.

히틀러가 아르덴 공격으로 자신이 지녔던 1944년 8월의 방어 전략에서 확실히 벗어났다는 것도 이런 관찰을 뒷받침한다. 이 방어 전략은 끝나지 않는 공포를 지향하였다. 모든 전선에서 질질 끄는 독한 저항을 계속하다가 군대가 물러난 다음에는 패배한 지역에서 민간인이 나서서 전면전을 펼친다는 전략이었다. 하지만 아르덴 공격은 오히려 공포를 지닌 종말을 지향한 것이었다. 최후의 희망 없는 공격전으로 마지막 군사력을 다 소모하는 것이었다. 누구든 히틀러가 어째서 그렇게 갑자기 마음을 바꾸었는가를 자문해본다면 답이 저절로 눈앞에 나타난다. 대다수 국민이 원하지 않으니만큼 민간인 전쟁이 실현되지 않으리라는 것을 그가 알았기 때문이다. 대다수 국민은 히틀러처럼 생각하지 않았다. 좋다, 그렇다면 그들은 그 벌을 받아야 한다. 그것도 죽음으로. 이것이 히틀러의 마지막 결심이었다.

그런 결심이 아르덴 공격으로 분명하게 표현된 것인지에 대해서는 아직 논란의 여지가 있다고 볼 수도 있다. 하지만 히틀러가 독일에 사형선고를 내린 1945년 3월 18일과 19일자 총통명령에서는 매우 분명하고 반박할 수 없는 형태로 나타났다.

이 시점에 러시아군은 이미 오데르 강변에 이르렀고, 미군은 라인 강을 건너는 중이었다. 그들을 멈추는 것은 이제 불가능했고, 서부와 동부 연합군이 독일의 중앙부에서 만나기까지 겨우 몇 주밖에 남지 않았다. 하지만 서부와 동부의 전선 및 퇴각 지역에서 민간인들의 태도는 아주 달랐다. 동쪽에서는 사람들이 떼를 지어 도망쳤다. 서쪽에서는 있던 곳에 그대로 남아서 창문에 항복의 표시로 테이블보나 침대커버를 매달고, 독일군 장교들에게 자기 마을이나 도시를 방어하지 말아 달라고, 그래서 마지막 순간에 파괴를 면하게 해달라고 간청하곤 했다.

서부전선 쪽 국민의 이런 태도에 대해 히틀러는 두 통의 총통명령 중 첫 번째인 3월 18일자 명령에서 이렇게 답했다. 침입을 당한 서부독일 지역에서는 "주력부대 전투지역 뒤부터 시작해서 즉시 모든 주민을 떠나게 하라."라고 명령했다. 이 명령은 이날 작전회의에서 작성되었는데, 특이하게도 명령에 대한 항의가 있었다. 히틀러의 과거 건축가이자 한동안 군비장관을 지냈고, 마지막까지 살아남아 오늘날에는 히틀러의 마지막 국면에 대한 증인 노릇을 하고 있는 알베르트 슈페어Albert Speer가 이렇게 보고했다.

참석한 장군들 중 한 명이 히틀러에게 수십만 명을 이동시키기란 불가능한 일이라고 간언했다. 철도는 이미 이용할 수 없고, 교통 체계는 오래전에 무너졌다. 히틀러는 움직이지 않았다. "그렇다면 걸어서 행진하라고 하시오!" 그는 이렇게 대답했다. 그것도 조직할 수가 없다고 장군이 말했다. 사람들을 인적이 드문 지역으로 데려가려면 식량 지급이 필요하고, 사람들은 적당한 신발도 없다고 했다. 그는 말을 끝내지 못했다. 히틀러는 무감각하게 고개를 돌렸다.

독일 서부지역의 전체 주민을 식량도 목적지도 없이 행진시키라는 명령은 오로지 죽음의 행진이라고 부를 수밖에 없는 일로 독일 국민을 향한 대량학살과 비슷한 것이었다면, 3월 19일에 나온 두 번째 총통명령, 이른바 '네로 명령'은 독일 국민에게서, 그것도 모든 사람에게서 생존의 가능성을 뺏으려는 분명한 의도를 드러냈다. 그 결정적인 단락은 다음과 같다.

적군이 전쟁을 계속 수행하기 위해 당장 또는 가까운 시일 안에 사용할 수 있는 제국 영토 안의 모든 군사시설, 교통, 정보, 산업, 식량공급 시설과 가치 있는 것들을 파괴하라.

그리고 슈페어의 말에 따르면 히틀러는 항의하는 슈페어에게 '얼음과 같은 말투로' 이렇게 설명하였다.

전쟁에 패배한다면 민족도 패배하는 것이다. 도이치 민족이 가장 원시적인 생존을 위해 필요한 기반까지 고려할 필요는 없다. 오히려 이런 것들을 스스로 파괴하는 편이 낫다. 민족이 허약하다는 판정이 났고, 미래는 더욱 강한 동쪽 민족의 것이기 때문이다. 이 전쟁 뒤에 남는 것은 어차피 열등한 자들이다. 우수한 자들은 전사했으니까.

실패의 가능성이 처음으로 나타난 1941년 11월 27일에 히틀러가 했던 진술이 기억난다. 그것은 앞에서 이미 인용했다. 다시 상기해보자. 히틀러는 당시 이렇게 말했다. "이 시점에서도 나는 역시 얼음처럼 차가워요. 도이치 민족이 자신들의 생존을 위해 스스로 피를 흘릴 만큼 충분히 강하고 또 희생의 각오가 되어 있지 않다면 이 민족은 스러져서 더욱 강한 다른 세력에게 파괴되어야 합니다. ……그렇게 되면 나는 도이치 민족을 위해 단 한 방울의 눈물도 흘리지 않을 것이오." 이제 사태는 정말 그 지경에 이르렀고, 그는 진지하게 그렇게 행동했다.

1945년 3월 18일과 19일자 히틀러 명령은 완전하게 실행되지는 않았다. 그렇지 않았다면 독일인들은, 2년 전에 괴벨스가 유대인을 두고 말했던 것처럼, 정말이지 별로 남지 않게 되었을 것이다. 슈페어는 이 파괴 명령의 실천을 방해하기 위해 최선을 다했다. 그 밖에 일부 다른 나치 당원들도 극단적인 조치를 보고 뒤로 물러났다. 또한 직접 당사자들이 자주 자기들의 생존 기반의 파괴에 맞서서 이따금 성공하기도 했다. 마지막으로는 드물게만 심각한 저항에 부딪혔던 연합군이 빠르게 전진해서 독일 국민을 위해 히틀러가 마련한 끔찍한 운명을 피하게 해주었다.

하지만 히틀러의 마지막 명령들이 완전히 소문으로만 돌아다니면서 그 어떤 실질적인 작용도 하지 못했다는 식으로 사태를 보아서는 안 된다. 1945년 3월 중순에는 독일의 상당 부분이 아직 점령되지 않은 상태였다. 그곳에서 총통명령은 아직 절대적인 최고 명령이었다. 그리고 당원과 나치 지도자들 중에는 여전히 총통처럼 생각하고 느끼는 자들이 있었다. 그들은 독일의 최종 파괴를 목표로 삼고 6주 동안 적군의 공습 및 대포 공격과 경쟁을 벌였다. 그리고 대부분의 도시와 지방의 주민들이 전쟁 마지막 몇 주 동안 양측의 공격 사이에 놓인 채, 자기 쪽의 파괴 명령과 친위대 정찰대를 적군보다 더 두려워했다는 것을 알려주는 수많은 보고들이 있다.

정말로 적군보다 더욱 잔인하게 파괴를 실행하는 것이 히틀러의 의도였다. 적군은, 적어도 서방의 적군은 "도이치 민족이 가장 원시적인 생존을 위해 필요한 기반을…… 파괴"하려는 목적을 갖지는 않았다. 그 결과 이제 빠른 속도로 진행된 적군의 점령은 적어도 서부에서는 압도적으로 구원으로 여겨져 환영을 받았고, 나치 국민을 만나리라 기대했던 미국·영국·프랑스군은 그와 달리 망상에서 완전히 벗어나 히틀러와는 아무 상관도 없기를 바라는 사람들을 만나게 되었다. 점령군은 당시 그것을 아첨하는 위장이라고 여겼다. 하지만 그런 경우는 거의 없었다. 사람들은 정말로 총통에게 배신당했다고 느꼈고, 사실이 그랬다. 연합군이 이미 착수하고 있던 '재교육'은 마지막 몇 주 동안 히틀러가 강력한 방식으로 이미 완수해놓았다. 독일인들이 이 마지막 몇 주 동안 겪은 것은 마치 그동안 함께 살아온 남편이 갑자기 살인자임이 드러나자, 같은 아파트에 사는 사람들에게 남편을 물리치고 자기를 구해달라고 외치는 여자와 같았다.

이 사태를 아주 분명히 바라보자. 1945년 3월 18일과 19일의 파괴 명령에서는 1944년 가을과 같은 영웅적인 최종전투가 문제가 아니었다. 독일인들 수십만 명을 죽음의 행렬을 이루어 나라의 중심부로 보내고, 동시에 그들의 가장 원시적인 생존을 위해 필요한 것을 모조리 파괴하라는 것은 영웅적인 최종전투에 아무런 도움도 되지 않는 일이다. 오히려 이제는 독일을 향한 히틀러의 마지막 대량학살 작전의 목적은 독일인들이 영웅적인 최종전투를 위해 충분히 헌신적이지 않은 것에, 그러니까 히틀러가 할당해준 역할에서 도망쳐버린 것에 대해 벌을 주려는 것이었다. 히틀러의 눈에 그것은 죽어 마땅한 범죄였다. 이전에도 늘 그랬듯이. 자기에게 주어진 역할을 받아들이지 않는 민족은 죽어야 한다. 히틀러는 언제나 그렇게 생각했다. 이런 점에서 전쟁 마지막에 독일에 대한 히틀러의 태도는 전쟁 초기에 폴란드 사람에 대한 살인 행위에 상응하는 것이다.

원래는 폴란드 사람들에게 유대인이나 러시아 사람들과 같은 대량학살의 운명이 주어졌던 것은 아니다. 히틀러가 그들에게 주려고 한 역할은 루마니아 사람들의 그것과 비슷했다. 즉 종속된 동맹국으로서, 늘 계획해오던 러시아에 대한 정복전쟁에서 하수인 노릇을 하는 일이었다. 이러한 역할을 거부한 것이, 폴란드에 대한 전쟁의 진짜 이유였다. 여러 해 전부터 폴란드의 전적인 동의 아래서, 완전히 히틀러의 소망대로 나치당 시의회가 통치하던 단치히Danzig[오늘날의 그단스크]가 이유가 아니었다. 단치히는 그냥 구실에 지나지 않았다. 하지만 여기서 흥미로운 것은 히틀러가 폴란드에 대한 전쟁에서 군사적으로 승리한 다음, 원래의 목적에 맞게 이용하지 않았다는 점이다. 그러니까 폴란드 사람들이 거부한 동맹관계를 맺자고 강요하지 않았다. 이는 오히려 정치적으로 일관되고, 또 상황으로 보아 불가능한 것도 아니었을 텐데 그랬다. 대신에 그는 분노하여 폴란드를 5년 동안 무의미한 형벌과 복수의 장으로 만들었고, 여기서 그의 정치적 이성이 실종된 가운데 파괴충동이 처음으로 미쳐 날뛰었다. 히틀러의 내면에는 매우 재능이 있는 정치가와 더불어 언제나 대량학살자가 살고 있었다. 그가 원래는 오직 유대인과 러시아 사람들만을 이런 살인충동의 제물로 선택했었지만, 자신의 의지가 꺾이자 살인충동이 정치적 계산보다 위에 있게 되었다. 전쟁 초기에는 폴란드에서, 전쟁 마지막에는 독일에서 그랬다.

물론 독일 사람들에게도 히틀러는 처음에 폴란드 사람들에게 그랬듯이 훨씬 더 위대한 역할을 할당했다. 세계를 정복한 주인민족의 역할이었다. 그다음에는 하다못해 전 세계에 맞서는 영웅민족의 역할이 주어졌다. 하지만 독일 사람들은 허약함에서든, 벌 받을 만한 반항심에서든 어쨌든 마지막에 더는 순종하지 않았다. 그러자 그들도 히틀러에게서 사형선고를 받았다. 그의 말을 한 번 더 인용하자면 그들은 "스러지고 파괴되어야" 했다.

독일에 대한 히틀러의 관계는 처음부터 이상했다. 전쟁 동안 몇몇 영국인 역사가들은 히틀러가 이른바 전체 독일 역사를 통해 미리 정해진 산물이었다는 것을 입증하려고 애썼다. 곧 루터부터 프리드리히 대왕을 거쳐 비스마르크에 이르는 곧은 선이 히틀러에 이르렀다고 말이다. 그 반대가 맞다. 히틀러는 독일의 전통에 서 있지 않다. 프리드리히와 비스마르크도 포함하여 개신교- 프로이센 방식으로, 냉철하게 자신을 잊은 국가에 대한 봉사의 전통에 히틀러는 아예 들어가지 않는다. 냉철하게 자신을 잊은 국가에 대한 봉사란 히틀러에게는—전쟁 이전의 가장 성공적인 히틀러에게도—전혀 인정해줄 수 없는 것이다. 그는 독일이라는 국가를—법치국가라는 양상뿐 아니라 질서국가라는 양상으로도—처음부터 의도한 국민의 총동원과, 이 또한 우리가 잊어서는 안 되는 것으로 자신의 해임 불가능성 및 대체 불가능성을 위해 제물로 바쳤다. 그것은 이미 앞의 장들에서 서술했다. 냉철함은 계획적으로 대중 도취로 대체되었다. 그가 처음 6년 동안 독일 사람들에게 자신을 마약처럼 내주었다고 표현할 수 있을 것이다. 물론 그는 전쟁 기간에 그 마약의 공급을 갑자기 끊어버렸다. 자기를 잊음에 대해 말하자면, 히틀러는 자신의 개인적 소명의식을 다른 모든 것 위에 두고, 자신의 개인적 삶의 척도에 따라 정책을 펼친 정치가의 극단적 예이다. 이 이야기들을 다시 세세히 반복할 필요는 없을 것이다. 그의 정치적 세계관에 대한 서술을 기억해본다면 그가 국가 단위로는 전혀 생각하지 않고, 민족과 종족 단위로 생각했다는 점이 다시눈에 띈다. 이것은 그의 정책의 조잡함과, 동시에 군사적 승리를 정치적 성과로 바꾸는 능력의 부재를 설명해준다. 게르만 민족이동이 끝난 이후로 독일도 포함하여 유럽 문명권에서는 전쟁과 전쟁의 성과를국가 구조 안에서 다루고, 민족과 종족은 건드리지 않고 그대로 두는정치적 전통이 줄곧 유지되어 왔었다.

히틀러는 국가의 인간〔정치가〕이 아니었고, 그로써 그는 독일 역사에서 떨어져 나간다. 그렇다고 그를 루터와 같은 민중의 인간이라부를 수도 없다. 루터와는 단 한 가지 면에서만 공통점을 갖는데, 독일 역사에서 선배도 후배도 없는 유일한 현상이라는 점이다. 하지만루터가 많은 점에서 도이치 민족성을 개인화했다면, 히틀러의 개성은 도이치 민족성에는 전혀 어울리지 않는다. 마치 그의 정당 구조가뉘른베르크〔전범 재판〕 이후의 시대에 어울리지 않는 것과 마찬가지다. 독일 국민은 총통 숭배의 절정기에도 그에 대해 어느 정도 균형감각을 유지했다. 그들의 경탄에는 언제나 묘한 느낌도 일부 섞여 있었다. 바로 자기들한테 히틀러 같은 예기치 않은, 낯선 현상이 주어졌다는 느낌이었다. 히틀러는 그들에게는 기적이었다. "신이 보낸 사람", 조금 더 무미건조하게 표현하자면 언제나 다음과 같은 뜻을 가진 말이었다. 설명할 길이 없이 외부에서 뚫고 들어온 사람. 그리고 여기서 외부라는 말은 단순히 오스트리아를 뜻하는 것만은 아니다. 히틀러는 독일인들에게는 언제나 멀리서 온 사람이었다. 처음에 한동안은 하늘 높은 곳에서, 나중에는 신이여 보호하소서, 지옥의 가장 깊은 구덩이에서 온 사람이었다.

그는 독일 국민을 사랑했는가? 그는 독일을 찾아냈다. 알지 못한 채 선택했다. 엄격히 말해서 그는 독일을 제대로 알지 못했다. 독일 국민은 그가 선택한 민족이었다. 그의 타고난 권력본능이 나침반 바늘처럼 그들을 당시 유럽에서 가장 강력한 권력 잠재력을 가진 사람들이라고 가리켰기 때문이다. 그들은 정말로 그랬다. 그리고 그는 오로지 권력의 도구로서 그들에게 관심이 있었다. 그는 독일을 위해 원대한 야망을 가졌고, 그런 점에서 자기 세대의 독일 사람들과 마음이 맞았다. 당시 독일 사람들은 야망에 사로잡힌 사람들이었다. 야망은 있지만 정치적으로는 어찌해야 할지 모르는 사람들이었다. 이 둘이 합쳐져서 히틀러에게 기회를 만들어주었다. 하지만 독일의 야망과 독일을 위한 히틀러의 야망은 서로 완전히 일치하는 것이 아니었다. 어떤 독일 사람이 러시아에 살고 싶겠는가? 또한 히틀러에게는 더욱 섬세한 차이를 감지하는 귀가 없었다. 한번 권좌에 오르자 그는 더는 귀

담아듣지 않았다. 독일을 위한 그의 야망은 점점 더 사육사 겸 경주마 소유자의 그것과 비슷해졌다. 마지막에 히틀러는, 가장 훌륭한 말이 더비 경주에서 우승하지 못했다고 분노하고 실망하여 말을 채찍질하여 죽이는 경주마 주인처럼 행동했다.

독일의 파괴는 히틀러가 자신에게 부과한 마지막 목적이었다. 그가 파괴하려던 다른 것들에서 그랬듯이 이것도 완전히는 이루지 못했다. 그로써 그는 독일이 마지막에 자기에게 결별을 선언하도록, 그것도 생각보다 더 빨리 더욱 근본적으로 결별하도록 하였다. 나폴레옹이 완전히 몰락하고 33년이 지나자 프랑스에서는 또 다른 나폴레옹을 공화국의 대통령으로 뽑았다. 히틀러가 자살하고 33년이 지난 독일에서는 히틀러를 인용하거나 그와 연합했다가는 정치적으로 가장 작은 아웃사이더가 될 기회조차 갖지 못한다. 좋은 일이다. 하지만 나이든 사람들의 히틀러에 대한 기억은 밀려나고, 젊은 사람들은 대부분 그에 대해 거의 아무것도 모르는 것은 좋은 일이 아니다. 그리고 많은 독일 사람들이 히틀러 이후로 애국자가 되려는 마음을 품지 못하게 된 것은 더욱 좋은 일이 아니다. 독일 역사는 히틀러와 더불어 끝난 것이 아니기 때문이다. 히틀러와 더불어 독일 역사가 끝났다고 믿으면서 기뻐하는 사람은, 그럼으로써 자신이 얼마나 히틀러의 마지막 의지와 유언을 실현하고 있는지 전혀 깨닫지 못하고 있다.

히틀러에 붙이는 주석